지식의 힘 05

## 무지개 도시를 만드는 초록 슈퍼맨
### 세상을 바꾸는 시민의 힘

**초판 1쇄 발행** 2015년 12월 15일  **초판 24쇄 발행** 2024년 5월 7일

**글** 김영숙  **그림** 장명진
**펴낸이** 최순영

**교양 학습 팀장** 김솔미  **편집** 조진희
**키즈 디자인 팀장** 이수현  **디자인** map.ing

**펴낸곳** ㈜위즈덤하우스  **출판등록** 2000년 5월 23일 제13-1071호
**주소** 서울특별시 마포구 양화로 19 합정오피스빌딩 17층
**전화** 02) 2179-5600
**홈페이지** www.wisdomhouse.co.kr  **전자우편** kids@wisdomhouse.co.kr

ⓒ 김영숙, 2015
ISBN 978-89-6247-668-2 73330

이 책은 저작권법에 따라 보호받는 저작물이므로 무단전재와 무단복제를 금지하며,
이 책의 전부 또는 일부 내용을 재사용하려면 반드시 사전에 저작권자와 ㈜위즈덤하우스의 동의를 받아야 합니다.

* 인쇄·제작 및 유통상의 파본 도서는 구입하신 서점에서 바꿔드립니다.
* 책값은 뒤표지에 있습니다.

⚠ 책의 모서리가 날카로워 다치기 쉬우니, 던지거나 떨어뜨리지 마세요. 종이에 베이거나 긁히지 않도록 조심하세요.

KC ・제조국 : 대한민국  ・사용연령 : 8세 이상
・이 제품이 공통안전기준에 적합하였음을 의미합니다.

김영숙 글 장명진 그림

위즈덤하우스

## 차례

**여는 글**
**지구적으로 생각하고
지역적으로 행동하라!** ··· 6

살려 줘요, 슈퍼맨! 지구와 인류의 미래가 위험해요! 8

### 1

**에너지 농사를 짓는 독일의
작은 마을 윤데** ··· 14

괴팅겐 대학의 교수들, 에너지 프로젝트를 시작하다! 16
윤데는 어떤 마을일까? 19 경제와 환경, 두 마리 토끼를 잡아라! 22 윤데 프로젝트가 마을에 변화를 가져왔어! 27 윤데 스토리의 주인공은 바로 지역 주민이야! 32 모두가 힘을 합쳐서 무지개 도시를 만들자! 38 미래를 준비하는 마을, 윤데로 오세요! 40
● 초록 슈퍼맨의 첫 번째 마인드맵 44

### 2

**지구를 지키는 집을 짓는
프라이부르크** ··· 46

원자력 발전소 건설을 중지하시오! 48 프라이부르크 시민들은 왜 반대했을까? 55 원자력 발전소가 왜 위험할까? 60 환경을 해치지 않는 녹색 에너지를 찾자! 62 환경을 보호하는 녹색 교통을 이용하자! 66 프라이부르크의 환경 교과서, 보봉 생태 마을 70 녹색을 키우는 곳, 프라이부르크 78
● 초록 슈퍼맨의 두 번째 마인드맵 80

## 3 재미와 장난이 만든 초록빛 창조 도시 쿠리치바 ··· 82

쿠리치바, 처음부터 초록은 아니었다! 84 장난기 넘치는 시장님, 자이메 레르네르 88 3중 도로 시스템과 자전거가 만성 교통 체증을 해결하다! 90 보행자 천국, '꽃의 거리'로 오세요! 99 시민을 위한 그늘, 신선한 물을 만들어요! 103 쓰레기 문제를 지혜롭게 해결한 초록 도시 108 빈민촌에 '지혜의 등대'를 밝히다! 112 창조적 도시 쿠리치바의 저력은 바로 시민의 힘이야 116
● 초록 슈퍼맨의 세 번째 마인드맵 118

## 4 식량 위기를 도시 농업의 기회로! 쿠바의 아바나 ··· 120

파란만장한 운명의 섬나라 쿠바 122 아바나, 도시 농업에 뛰어들다! 128 친환경 농사법, 도시를 살리다 134 쓰레기장이 도시 농장으로 137 시민들은 자발적으로 참여했어 142
● 초록 슈퍼맨의 네 번째 마인드맵 148

## 5 지역의 재화를 지키는 친환경 도시 토트네스 ··· 150

요람에서 무덤까지 착한 상품을 씁시다! 152 유기농 재료로 먹고 살아요! 155 지역의 상품을 지역 내에서 소비하자! 158 토트네스 파운드로 지역 경제를 튼튼히! 163 전환 마을 토트네스를 만드는 지역 주민의 힘 167 보다 나은 미래를 꿈꾸어요! 173
● 초록 슈퍼맨의 다섯 번째 마인드맵 176

### 맺는 글
시민은 힘이 세다! ··· 178

역사 속에는 슈퍼맨이 잔뜩 있어요 180

**부록**
찾아보기 186
사진 자료 출처 188

| 여는 글 |

# 지구적으로 생각하고 지역적으로 행동하라!

산업 혁명 이후, 인류의 문명은 과학 기술을
바탕으로 나날이 발전하고 있어.
오늘날 많은 사람들이 기계가 주는 편리함을
누리며 살고 있지.
그런데 시간이 지날수록 우리 후손들에게
지금 이대로의 지구를 물려줘도 괜찮은 걸까,
고민하는 사람들이 늘고 있어.
이들이 바로 초록 슈퍼맨이야.
그런데 초록 슈퍼맨들은
왜 이런 고민을 하는 걸까?

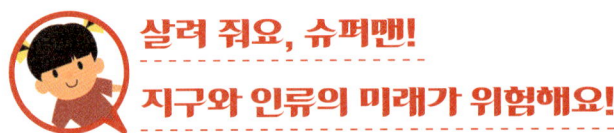
**살려 줘요, 슈퍼맨!
지구와 인류의 미래가 위험해요!**

요즘은 최신 휴대폰 따라잡기가 쉽지 않아. 하루가 멀다 하고 새로운 디자인과 기능을 뽐내는 휴대폰이 속속 출시되고 있잖아? 바로 얼마 전에 산 휴대폰도 금세 구식이 되고 말지.

어디 휴대폰뿐인가? 빠르게 진보하는 과학 기술 덕분에 사람들의 생활은 점점 더 편리하게 변화하고 있어. 산업 혁명 이후 전 세계는 급속히 산업화, 도시화를 이루어 갔고, 그 결과 오늘날 세계는 찬란한 과학 기술의 시대를 꽃피우고 있단다.

요즘 사람들이야말로 인류가 이 지구에 나타난 이래, 가장 편리한 삶을 누리고 있지. 예전에는 먹고 자고 입기 위해 많은 노동을 해야 했어. 하지만 이제 사람들은 힘들여 농사를 짓고 가축을 기르고 물건을 나르지 않아도 돼. 기계들이 많은 육체노동을 대신해 주고 있으니까.

그런데 기계를 만들고 움직이려면 많은 자원이 필요해. 철을 캐내어 기계를 만들고, 석탄과 석유, 천연가스라는 원료가 있어야 기계를 움직일 수 있어. 크고 작은 수많은 기계들이 속속 나타나고 사용하는 사람들이 많아지면서, 지구의 자원은 점점 더 많이 필요하게 되었어. 사람들은 편리한 기계를 사용하기 위해, 숲을 개간하고 바다를 메우고 지하에서 자원을 뽑아냈지.

사람들은 이렇게 만든 과학 기술 문명을 누리고 사는 것이 행복이라고 생각했어. 하지만 과연 그럴까? 과학 기술이 발전한 만큼 사람의 삶의 질도 좋아졌을까? 우리 후손에게 지금의 지구를 그대로 물려줘도 괜찮은 걸까?

시간이 지날수록 이 문제에 대하여 심각하게 고민하고 문제를 제기하는 사람들이 많아졌어. 산업화, 도시화가 빠르게 이루어지는 과정에서 가장 중요하게 고려했어야 할 인간과 자연이 빠져 있었다는 사실을 뒤늦게 알아차린 거야.

사람들은 편리하게 살기 위해 자원을 낭비하는 사이, 지구의 환경은 심각하게 파괴되었고 그 증상이 서서히 나타나기 시작한다는 걸 깨달았어. 마구 자원을 개발하는 바람에 화석 연료는 바닥을 예고하고, 화석 연료를 태우면서 발생한 온실가스는 심각한 대기 오염을 불러왔지. 산성비 때문에 산림이 훼손되어 사막화가 진행되고, 오존층이 파괴되면서 기상 이변이 일어나 많은 사람들이 목숨을 잃고 난민이 되기도 했어. 사람들은 발전이란 부메랑이 우리에게 다시 되돌아올 때는 재앙이란 이름을 달고 온다는 것을 깨닫게 되었지.

◉ 과학 문명 위에 선 도시의 모습이야. 하지만 이런 화려한 도시를 세우고 유지하기 위해 막대한 자원이 소비되고 있어.

이제 환경 문제는 언젠가 닥칠 먼 미래의 얘기가 아니라, 지금 당장 '먹고사는' 문제가 달려 있는 급박한 문제가 되었어. 지구는 모든 생명체의 터전이야. 황폐해졌다고 버리고 떠날 수 있는 곳이 아니라는 말이지. 이제 인류는 스스로 살아남기 위해서 지구를 살려야 해. 이 때문에 사람들은 뒤늦게 전 지구적인 관점에서 환경 문제를 바라보고 고민하기 시작했어.

지구를 살리려는 여러 운동 과정에서 중요한 슬로건이 탄생했어.

✜ 마구잡이로 채광된 노천 탄광의 모습이야.

✜ 쓰레기와 공장 폐수 등으로 인해 오염된 하천의 모습이야.

바로 '지구적으로 생각하고 지역적으로 행동하라!'는 것이야. 드러난 환경 문제를 해결하기 위해서는 모든 사람의 힘이 필요해. 옛날에는 환경 문제를 주로 정부가 주도하곤 했어. 쓰레기 수거 방법을 바꾸기도 하고, 법을 정해서 오염 물질을 내놓는 회사들을 단속하기도 하고, 지나친 도시 개발을 막기도 했지.

하지만 이제는 그것만으로는 부족해. 지구의 환경 문제는 일시적으로 좁은 범위에서 해야 할 일이 아니라, 우리 모두가 꾸준히 오랫동안 해야 할 일이야. 누가 시킨다고 해서 하는 일이 아니라, 우리 스스로가 나서서 해야 할 일이란 말이지.

그래서 필요한 것이 바로 '시민의 의식'이야. 시민들이 환경에 관심을 갖고, 환경에 대한 '윤리 의식'을 가져야 이 거대한 문제를 해결할 수 있는 거야. 그렇다고 시민 의식이나 환경 윤리라는 게 결코 어렵고 거창한 건 아니야.

만약 누군가가 길거리에 쓰레기를 버린다고 생각해 보자. 사람들이 너도나도 쓰레기를 버리게 되면, 길거리는 거대한 쓰레기장이 되고 말아. 나라에서 쓰레기 버리는 사람에게 벌금을 물리겠다고 해도, 쓰레기를 길거리에 버리는 게 편리하다면 사람들은 같은 곳에 계속 쓰레기를 버릴 거야. 하지만 처음부터 쓰레기는 쓰레기통에 버리는 것이라고 사람들이 생각한다면 어떨까? 아무리 길거리에 쓰레기를 버리는 게 편하다고 해도, 이곳이 쓰레기를 버리는 곳이 아니라고 생각한다면 길거리는 늘 깨끗하겠지?

바로 이 '생각'이 바로 시민 의식이자 환경 윤리야. 환경 문제가 인간과 자연이 서로 작용하는 문제라는 것을 아는 것, 환경오염과 자연 파괴의 책임을 통감하고, 환경을 보호하기 위해 개인의 이익보다는 공공의 이익을 우선에 두는 것, 그리고 이런 것들을 늘 생각하고 그 생각에 맞춰 행동하는 것이지.

지구촌 곳곳에 이미 이런 시민 의식을 갖고 지구와 인간의 미래를 위해 노력하는 사람들이 있어. 지구를 돈벌이의 대상이 아닌 소중한 삶의 터전이라고 바라보는 사람들, 우리의 소중한 지구를 모두가 바라는 무지갯빛 아름다운 터전으로 만들어 가는 시민들이지.

이들은 평범한 사람들이지만 모두가 힘을 합치면, 거대한 힘을 가진 슈퍼맨이 될 수 있어. 지구나 인류의 위기 앞에 기꺼이 나서는 슈퍼 영웅들처럼, 모두에게 보탬이 되는 커다란 변화를 일구어 내는 사람들이야말로 '무지개 도시를 만드는 초록 슈퍼맨'이라고 할 수 있지.

그 사람들이 누구냐고? 궁금하다면 이제부터 같이 무지개 도시와 초록 슈퍼맨을 만나러 가 볼까?

# 에너지 농사를 짓는 독일의 작은 마을 윈데

'윤데'라는 마을을 들어 본 적 있니?
윤데는 독일 중부 니더작센 주에 있는
시골 마을이야. 마을 사람들 대부분이
농사를 짓거나 가축을 기르지. 겉으로 봐서는
특별할 것 없는 이곳이 전 세계적으로
유명해졌어. 시민의 힘으로 에너지 자립을
이루어 냈기 때문이야. 농사짓고 소 키우는
시골 마을에서 에너지 자립이라니!
대체 윤데에 무슨 일이 일어난 걸까?

윤데는 독일 중부 니더작센 주의 괴팅겐 시
남쪽 15킬로미터 지점에 위치해.
농경지가 13제곱킬로미터, 산림 자원이
약 8제곱킬로미터에 이르는 시골 마을이야.

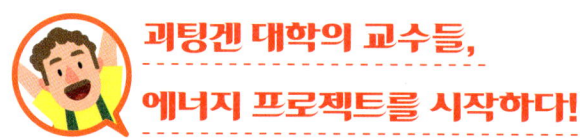
### 괴팅겐 대학의 교수들, 에너지 프로젝트를 시작하다!

때는 1998년, 독일 명문 괴팅겐 대학에서 일어난 일이야. 환경, 경제, 사회, 지리 등등 각각 연구 분야가 다른 교수들이 한자리에 모였어. 이렇게 관심 분야가 다른 학자들이 왜 모였냐고?

바로 앞에서 잠깐 이야기했듯, 점점 심각해지는 지구와 인류의 미래를 걱정했기 때문이야. 검은 황금이라 불리며 현대 사회의 중요한 자원으로 떠올랐던 석유가 세월이 흐르면서 지구를 위기로 몰아가는 원인이 되었지. 자원이 고갈되고 환경이 오염되면서 점차 이상 징후들이 나타나기 시작했어.

이런 변화를 심각하게 받아들인 교수들은 지구와 인류의 미래를 위해 해결책을 궁리해 보고자 했지. 괴팅겐의 교수들은 이 문제를 해결할 방법에 대해 무려 7년 동안이나 연구와 토론을 거듭했단다.

그 결과, 교수들은 다음과 같은 방법을 쓰면 지구의 위기를 줄일 수 있다고 생각했어.

첫째, 환경을 해치지 않는 친환경 에너지를 만든다.
둘째, 친환경 에너지로 돈을 벌어 농촌 경제를 살린다.

굉장히 간단해 보이지? 하지만 이 두 가지 해결책을 내놓기 위해 교수들은 무척 많은 고민을 했단다. 많은 토론과 연구 끝에 나온 결과였던 거야. 그런데 이 두 가지 해결책이 정말 지구의 위기를 구할 수 있을까?

괴팅겐의 교수들은 이런 의문에 대해 다음과 같이 설명했어.

"환경 오염과 자원의 낭비를 막으려면 농촌을 살려야 합니다."

학자들은 오늘날 지구 환경이 나빠진 이유 중 하나로 과중한 도시화를 손꼽았어. 도시에서는 일자리도 많고 다양한 문화를 손쉽게 즐길 수 있어. 그러다 보니 사람들이 도시로 몰리기 시작했고, 도시는 점점 더 커졌지. 커진 도시는 에너지를 더욱더 많이 필요로 했고 더욱 많은 자원을 소비했어. 오늘날 도시에서 소모하는 에너지 양은 어마어마하단다. 그래서 교수들은 도시의 성장을 멈추는 것이 환경 개선에 큰 도움이 될 거라고 생각한 거야.

그렇다면 무작정 도시로 밀려드는 사람들을 어떻게 막아야 할까? 사람들이 도시로 몰리는 이유는 농촌에서 농사를 짓는 것만으로는 먹고살기가 어렵기 때문이야. 세계화 바람을 타고 전 세계에서 싼 식량들이 몰려들면서 가격 경쟁을 하기가 힘들어졌거든. 그럼 어떻게 해서 농촌 경제를 살릴 수 있을까? 교수들은 농촌에서 친환경 에너지를 만들고 그 에너지를 팔아 얻은 이익을 고루 나눈다면, 농촌 경제가 살아날 수 있을 거라고 생각했어. 또, 이 계획이 성공하기만 한다면, 한 시골 마을이 자립하는 것만 아니라 지구의 문제를 해결할 실마리도 잡을 수 있을 것 같았어.

교수들은 이 멋진 계획을 실제로 실험해 보기로 했어. 독일의 수많은 마을들에 연락해서 같이 프로젝트를 해 보자고 제안했지. 시골 마을들도 관심을 갖고 40여 곳에서 반응을 보였는데, 그중에서 고르고 고른 곳이 바로 윤데야.

## 윤데는 어떤 마을일까?

윤데는 괴팅겐 시에서 차로 20여 분 거리에 있는 아담한 시골 마을이야. 빨간 지붕들이 옹기종기 모여 있고, 너른 들판에 농장이 드문드문 자리한 평범한 농촌 마을이지.

그런데 당시 윤데는 광우병 파동 때문에 큰 어려움을 겪고 있었어. 광우병은 소에게 동물성 사료를 먹이면서, 단백질의 변형이 와 뇌에 구멍이 생기는 병을 말해. 광우병에 걸린 소를 먹으면 사람도 비슷한 병에 걸릴 수 있고, 뚜렷한 치료제가 없어서 아주 위험해. 1996년에 영국에서 처음 광우병이 발견되자, 영국은 전염을 막기 위해 몇 십만 마리나 되는 소를 도살했어. 프랑스, 벨기에, 스위스, 포르투갈, 독일에서도 같은 처방을 내렸지. 이 때문에 유럽의 농장들은 큰 타격을 받았어.

독일의 시골 마을 윤데도 예외가 아니었어. 윤데에는 소를 기르는 목장들이 많았는데, 축산업이 무너지자 마을 경제가 크게 흔들렸지. 당장 소득이 없어지자 윤데를 떠나는 사람들도 생겼어. 소를 기르는 목장 말고는 다른 뚜렷한 경제 활동이 없는 윤데에서 더 이상 살 자신이 없었던 거야.

하지만 괴팅겐 교수들은 윤데에 농지와 목장이 13제곱킬로미터나 되는 것에 관심을 가졌어. 마을을 둘러싼 산림은 무려 8제곱킬

로미터나 되었지.(우리나라 여의도 면적이 약 8.5제곱킬로미터라고 해. 윤데가 어느 정도 크기인지 짐작이 가지?)

윤데가 괴팅겐 시와 가까운 거리에 있다는 점도 매력적이었지. 윤데 프로젝트가 성공하면, 도시의 인구가 윤데로 옮겨 올 텐데 너무 거리가 멀면 그러기가 쉽지 않을 테니까.

그렇다면 괴팅겐의 교수들이 제안한 윤데 프로젝트란 무엇이었을까? 윤데를 머리에서 발끝까지 고쳐서 도시 사람들을 끌어들이려고 했을까? 도시의 편리한 시설과 환경, 교통과 통신 시설을 설치해서 도시와 자유롭게 넘나드는, 이른바 도시형 농촌으로 만드는 것이 윤데 프로젝트였을까?

그렇지 않아. 프로젝트가 시작된 뒤에도 윤데의 농부들은 변함없이 농사를 짓고 가축을 길렀어. 전과 달라진 점이 있다면 윤데 마을 외곽에 커다란 돔을 두 개 지었다는 거야. 그리고 이 돔을 통해 윤데는 크게 바뀌게 되었어. 이 돔에서 친환경 에너지를 만들고, 이 에너지를 팔아서 새로운 수입을 얻고, 그 과정에서 마을 사람들은 공통의 목적을 이루기 위해 행동을 같이하는 사회적 연대를 이루었거든.

이 돔이 무엇인데 이렇게 신통방통한 일을 했냐고? 이 돔의 정체는 바로 바이오매스 발전 시설이야.

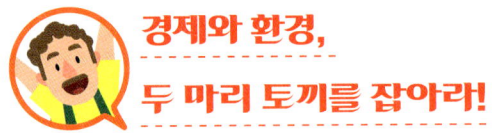

## 경제와 환경, 두 마리 토끼를 잡아라!

바이오매스(Biomass)란 '에너지원이 되는 생물 자원'을 말해. 쉽게 말해서 나무나 풀, 가축의 똥오줌, 음식물 쓰레기처럼 불에 태우거나 썩혀서 에너지를 만들 수 있는 생물 자원들이 모두 바이오매스야. 윤데에는 이런 바이오매스 자원이 아주 풍부해. 농사짓는 사람들도 많고 농장도 많아서, 바이오매스의 재료가 될 만한 재료들이 풍성하게 나오고 있었거든. 그리고 보면 윤데가 프로젝트 마을로 뽑힌 건 윤데의 농가와 농장에서 나오는 쓰레기 때문이라고 해도 과언이 아니야.

그런데 이런 버려지는 쓰레기 같은 것들이 어떻게 에너지가 될 수 있냐고? 특히 축축하고 냄새나는 가축의 똥오줌과 음식물 쓰레기로 어떻게 전기를 만들 수 있냐고? 지혜를 발휘하면 결코 불가능한 일이 아니란다.

윤데의 바이오매스 시설은 돔 두 개로 이루어져 있어. 돔 건물 두 곳 중 한 곳은 발효기야. 농사를 짓고 나면 부산물이 나와. 예를 들어 옥수수를 수확하면 옥수수대가 남고, 밀을 수확하면 밀짚이 나오지. 그리고 숲을 관리할 때도 적당히 가지를 치고 불필요한 나무를 정리해 주어야 오히려 나무들이 쑥쑥 잘 자란단다. 이런 풀과 나무 찌꺼기에 농장에서 나오는 가축의 똥오줌을 섞어서 발효기에서 푹 썩히는 거야. 가축의 배설물을 썩힌다니, 상상만 해도 그 냄새가 정말 엄청날 것 같지?

그런데 이렇게 건초와 가축의 똥오줌을 밀폐된 탱크에 모아 썩히면 그 과정에서 메탄가스 같은 바이오 가스가 만들어진단 말씀! 메탄가스는 냄새도 없고 색깔도 없는 기체인데, 여기에 불을 붙이면 파란 불꽃을 내면서 탄단다. 물을 끓일 수 있는 훌륭한 연료가 되지!

이렇게 발효기에서 만들어진 메탄가스는 바로 옆 돔 건물인 열병합 발전소로 옮겨져. '열병합 발전'이란 전기와 열을 동시에 생산하는 방식이야. 원래 전기를 만들려면 석유나 석탄을 때서 물을 끓이고, 이때 만들어진 증기의 힘으로 발전기를 돌려서 전기를 얻어. 그리고 전기를 만들고 남은 열을 버리지 않고 재활용한단다.

윤데의 열병합 발전소도 끓인 물의 힘으로 전기를 만들며, 남은 열을 재활용한다는 면에서는 보통의 열병합 발전소와 똑같아. 다른 점이 있다면, 석유나 석탄을 사용하는 게 아니라 마을 안에서 나오는 부산물을 가지고 메탄가스를 만들고 그 메탄가스로 물을 끓인다는 점이야.

실제로 윤데에 들어선 발효기와 열병합 발전소는 마을 안 부산물을 갖고 순조롭게 전기를 만드는 데 성공했어. 성공하기만 했을까? 윤데의 열병합 발전소에서 생산하는 전기의 양은 주민들이 사용하는 양의 두 배나 돼. 교수들이 목표로 했던 '에너지 자립'을 넘어서 '에너지 플러스'를 이룬 것이지. 농사로 치면 풍년도 이런 풍년이 없을 거야!

이렇게 생산된 전기가 많으니 윤데 주민들이 펑펑 쓰고도 남을 것 같지만, 윤데 주민들이 이 전기를 쓰지는 않아. 마을 사람들은 외부의 전기 회사에서 일반 전기를 사서 쓰고 있어. 왜 굳이 직접 만든 전기 대신 바깥에서 전기를 사서 쓰냐고?

그건 말이야, 바이오매스 발전 시설에서 생산한 전기는 독일 법에 따라 비싼 값에 팔 수 있기 때문이야. 독일 정부에서는 바이오매스 발전소를 지원하고 독려하기 위해 일부러 비싼 값을 주고 사 주고 있어. 그래서 마을 외부의 전기 회사에 비싼 값을 받고 팔고, 대신 싼 전기를 사서 쓰는 거야. 또, 전기를 직접 생산해서 쓰다가 발전소에 고장이라도 나면 마을 전체가 불편해질 수 있다는 것도 고려해야 했고.

그리고 윤데의 발전소는 전기 이외에도 뜨거운 물을 재활용할 수 있는 열병합 발전소라고 했지? 그래서 전기를 만들면서 생긴 뜨거운 물을 고스란히 마을 안에서 사용해. 발전소와 윤데 마을 사람들의 집을 파이프로 연결해서, 각 집으로 뜨거운 물을 보내 주는 거야. 사람들은 이 물을 집의 난방에 이용하거나 온수로 사용하고 있어. 물론 공짜는 아니야. 하지만 발전소에서 나오는 열은 윤데 주민들이 사용하는 양보다 훨씬 많고 비용도 저렴해서, 열병합 발전소가 들어서기 전 기름보일러로 난방과 온수를 사용했을 때와 비교하면 비용이 무려 30퍼센트나 절약된다고 해.

그럼 이것이 윤데 프로젝트의 전부였을까? 그렇지 않아. 윤데 프로젝트가 불러온 변화는 그 뒤로 서서히 나타나기 시작했단다.

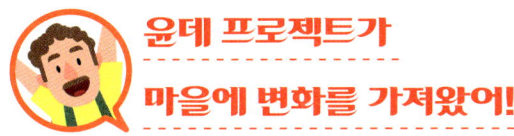

## 윤데 프로젝트가 마을에 변화를 가져왔어!

자, 그럼 이제부터 윤데 프로젝트가 가져온 변화에 대해서 좀 더 자세히 알아볼까? 여기까지 읽은 친구들은 조금 의아하게 생각할지도 모르겠다. 가축의 똥오줌과 농가의 부산물로 전기를 만드는 게 왜 중요한지 잘 이해가 안 갈 수도 있어.

"그냥 석유를 사서 전기를 만드는 것과 바이오 가스로 전기를 만드는 것이 뭐가 달라요?"

이렇게 생각할 수도 있지. 감이 잘 오지 않을 거야. 그럼 이제부터 차근차근 말해 줄게.

사실, 메탄가스를 쓰는 것이 환경에 크게 이로운 것은 아니야. 석유나 석탄을 태울 때처럼, 메탄가스를 태울 때도 온실가스가 나와. 온실가스가 지구 온난화의 주범이니, 메탄가스를 쓴다고 해서 특별히 지구에 도움이 되는 일은 아닐 것 같아. 하지만 조금만 깊게 생각해 보면 석유나 석탄보다 메탄가스가 이로운 이유를 알 수 있어.

우선 메탄가스의 원료는 가축의 똥오줌과 밀짚, 옥수수대 같은 건초야. 열병합 발전소가 들어서기 전에는 그냥 버려야 하는 '쓰레기'에 불과했지. 그런데 쓰레기를 안전하게 버리려면 많은 돈이 필요하단다. 가축의 똥오줌을 깨끗하게 처리하는 데도 정화 시설이 필요하지. 그리고 윤데 마을에서도 난방을 하려면 연료가 필요해. 이 연료로 대부분 석유을 쓰는데, 석유를 사 오려면 차가 실어 날라야 해. 이때 차가 내뿜는 배기가스도 온실가스야.

이제 왜 쓰레기를 재활용하는 게 중요한지 알겠니? 어차피 똑같이 온실가스가 나온다면, 돈이 덜 들고 오염 물질이 적게 나오는 방법을 쓰는 것이 전체적인 온실가스를 줄일 수 있는 방법인 거야. 그리고 윤데처럼 쓰레기를 재활용해 만든 에너지는 석유 같은 화석 연료를 태워 얻는 에너지보다 이산화탄소의 양이 훨씬 적게 발생해. 이전 배출량보다 약 60퍼센트 정도 줄어들게 되는데, 이 정도면 2050년 유럽 연합 이산화탄소 배출 감소 목표를 이미 달성한 셈이야. 그러니 바이오매스로 얻은 에너지야말로 친환경적인 에너지라고 할 수 있지.

이 정도 성과를 거둔 것만 해도 괴팅겐 대학의 교수들은 충분히 성공한 것이라고 생각했을 거야. 그런데 건초와 가축의 배설물로 에너지를 얻는 과정에서 생각지도 못했던 새로운 부수적인 효과가 나타났단다. 그건 바로 발효기에서 푹 썩히고 남은 찌꺼기야. 이 찌꺼기는 우리나라로 치면 아주 훌륭한 퇴비야. 자연에서 얻은 천연 비료인 셈이지. 발전소에서는 메탄가스를 뽑아내고 남은 찌꺼기를 농가에 무료로 나눠 주었어.

농가에서는 이 천연 비료를 쓰게 되면서 자연히 화학 비료를 줄이게 되었단다. 농부들이 화학 비료를 쓰는 이유는 천연 비료를 만들기가 힘들고 관리하기도 어렵기 때문이야. 그런데 이렇게 훌륭한 천연 비료를 공짜로 나눠 주니 굳이 화학 비료를 사서 쓸 필요가 없어졌지. 또, 화학 비료는 당장 수확량이 좋아지지만, 오래 쓰면 쓸수록 땅이 거칠어지고 수확량이 적어지는 단점이 있어. 그런데 천연 비료를 쓰게 되면서 땅이 기름져졌고, 덕분에 농산물의 수확량은 크게 늘어났단다.

"우리 농부들 입장에서 보면 완전히 꿩 먹고 알 먹는 일이지요."

윤데 농부들이 하는 말이야. 화학 비료를 쓰지 않은 농산물이라는 것 때문에 윤데의 농작물이 더욱 비싸게 팔렸거든. 우리나라에서도 무농약, 유기농 농산물이 더 비싸게 팔리잖아? 건강을 중요하게 여기는 사람들에게 윤데의 농산물은 크게 환영받을 만했지.

이렇게 윤데 프로젝트가 마을 안 쓰레기를 재활용하면서, 윤데의 농가들은 경제적으로 윤택해졌어. 바이오매스 발전 시설에서 농가와 목장의 쓰레기는 돈을 주고 사들이고, 천연 비료는 공짜로 나눠 줬으니까. 그리고 전기를 팔아 얻은 이득을 조합원들에게 나누어 주고, 온수도 예전보다 더욱 저렴하게 제공했지.

에너지 농사를 짓는 독일의 작은 마을 윤데 31

덕분에 윤데 사람들의 주머니에서 나가는 돈은 줄고 들어오는 돈은 많아졌어. 친환경 에너지를 만드는 과정에서 환경과 경제를 살리고, 발전소와 농가가 서로 돕는 순환 구조의 길이 열린 거야.

하지만 윤데 프로젝트의 성공은 단순히 마을의 것만은 아니야. 프로젝트의 실험을 통해서 사람들은 지구의 환경 문제를 해결할 긍정적인 실마리를 얻게 되었지. 버려지는 자원을 재활용하면 농촌이 도시 못지않은 삶의 터전이 될 수 있다는 걸 윤데의 사례를 통해 확인할 수 있었던 거야.

### 윤데 스토리의 주인공은 바로 지역 주민이야!

이런 에너지 기적을 만든 사람들은 누구일까? 물론 처음 계획을 세운 사람들은 괴팅겐 대학의 교수들이었어. 하지만 이 계획을 성공으로 이끈 사람들은 바로 윤데 마을의 주민들이야.

윤데 주민들이 처음부터 계획에 찬성한 것은 아니었어. 괴팅겐 대학의 교수들이 바이오 에너지 마을로 윤데를 결정했을 때, 주민들의 반응은 냉담했단다. 하지만 주민 모임에서 교수들이 윤데 프로젝트를 설명하는 것을 듣고 나서는 생각이 바뀌었어. 교수들이

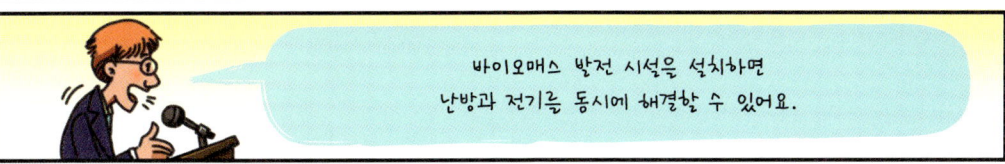

화석 연료를 과도하게 사용하면서 오늘날 지구에서 일어나는 모습들을 보여 준 거야. 온실가스가 발생하고, 그 때문에 지구 온난화가 진행되면서 지구의 생태 환경이 변하는 모습들은 사람들에게 충격을 주기에 충분했어. 스위스 알프스 산맥에 쌓여 있던 만년설이 줄줄 녹아내리고, 남극의 빙하는 그 부피가 크게 줄었지. 이 상태 그대로 진행된다면 앞으로 200년 뒤에 함부르크(독일에서 두 번째로 큰 도시)가 물에 잠길 거라는 경고도 들었어. 또, 석유 자원을 확보하기 위해 미국이 이라크를 침공하는 자료도 나왔지.

설명을 듣고 난 주민들은 생각한 것보다 지구의 위기가 바로 코앞에 있다는 것을 실감했어. 이대로 가만히 있어서는 안 된다는 걸 깨달았지. 주민들은 오랫동안 고민한 끝에 이 프로젝트를 시작할 것인지를 두고 투표를 했어. 여기에서 주민들의 60퍼센트가 찬성에 표를 던졌단다.

이로써 윤데 프로젝트가 시작될 수 있었고, 프로젝트가 진행되면서 반대했던 주민들도 점차 찬성 쪽으로 기울어지면서 전체 주민의 75퍼센트가 프로젝트에 찬성하게 되었지.

프로젝트는 우선 협동조합을 만드는 것에서부터 시작되었어. 협동조합이 뭐냐고? '협동조합'이란 농민이나 상공업자, 소비자 등이 자발적으로 모여 이룬 경제 조직을 말해. 이렇게 말하면 어렵게 느

## 협동조합이란 무엇일까?

만약 농부가 사과를 1만 개 키워 냈다고 해 보자. 농부는 유통 회사에 사과의 절반을 1개당 500원씩을 받고 팔고, 나머지 절반은 자신이 속한 협동조합에 팔았어. 유통 회사와 협동조합은 똑같은 사과를 한 개에 500원씩에 사서 도시로 가져간 뒤 1,000원씩에 팔았어. 그럼 유통 회사와 협동조합은 각자 사과 1개당 500원씩 총 5,000만원의 수익을 올리게 돼.

그런데 여기서 수익을 나누는 방법이 달라. 유통 회사는 수익 모두를 유통 회사와 회사에 투자한 자본가가 가져가지만, 협동조합은 수익을 협동조합의 성격에 따라 조합원들에게 나누어 주지.

'생산자 협동조합'이라면 농부에게 이익을 나눠 줘. 처음에 팔았던 가격 500원에 팔아서 얻은 이익 500원을 덧붙이게 되니까, 결과적으로 사과를 1개에 1,000원에 파는 셈이 되지. '소비자 협동조합'이라면 소비자에게 이익을 나눠 줘. 처음에 산 1,000원짜리 사과에 이익 500원을 되돌려주니까, 사과를 1개에 500원씩에 사는 셈이 되겠지?

이처럼 협동조합은 이익이 제3자에게 돌아가는 것이 아니라 조합에 속한 조합원들에게 돌아가서 더 많은 사람들에게 이익을 나눈다는 장점이 있단다.

껴지지만, 알고 보면 의외로 간단해. 생산자나 소비자, 판매자 등이 힘을 모아 단체를 만들고, 거기에서 나는 이익을 단체에 가입한 사람들, 즉 조합원들끼리 나누어 가지는 것을 뜻하지.

"우리도 협동조합을 만들어서 소정의 금액을 투자하고, 친환경 에너지 사업으로 얻는 이익을 모든 조합원끼리 나눕시다."

조합원들은 각각 1,500유로(약 200만 원)씩 모아 종잣돈 50만 유로를 마련했단다. 하지만 발효기와 열병합 발전소를 만드는 데 필요한 액수는 약 530만 유로였어. 조합원이 모은 50만 유로로는 턱도 없었지. 게다가 윤데 프로젝트에 찬성하고 지원도 하겠다던 정부가 시간이 지나면서 지원하기 힘들겠다고 난색을 표했어. 그러면서 윤데 프로젝트는 공중에 붕 뜨는 듯했어. 그러나 윤데 주민들은 그대로 포기하지 않았지. 주민들은 힘을 모아 연방 정부와 주 정부의 문을 줄기차게 두드렸어.

"우리는 이 실험에 적극적으로 동참하기를 바랍니다. 정부에서도 지원해 주세요."

주민들의 적극적인 태도에 언론이 관심을 갖고 인터뷰를 했고, 그 덕분에 외부의 많은 사람들이 윤데 프로젝트에 대해 알게 되고 흥미를 갖게 되었어. 그들 중에 윤데 프로젝트의 뜻에 공감하고 자신들도 참여하기를 바라는 사람들이 있었지. 이들은 협동조합에 가입하고 윤데 조합원들의 종자돈과 맞먹는 50만 유로를 투자했단다.

　상황이 이렇게 되자 독일의 연방 정부와 주 정부의 반응도 달라졌어. 결국 2004년에 이르러서는 연방 정부와 주 정부가 150만 유로를 지원하고, 나머지 모자라는 280만 유로는 좋은 조건으로 은행에서 대출을 받아 계획했던 530만 유로를 채우는 데 성공했어.

　윤데 주민들이 결국 해낸 거야! 연방 정부가 나서서 일을 추진한다 해도 주민들의 참여가 없으면 쉽지 않을 일이야. 그런데 윤데 주민들은 자신들의 뜻과 의지로 정부의 노력을 이끌어 냈으니, 윤데 프로젝트의 진정한 주인공은 바로 윤데 주민들이라고 한 말이 맞지?

## 모두가 힘을 합쳐서 무지개 도시를 만들자!

2005년, 윤데 프로젝트를 위한 기본 설비가 드디어 끝났어. 마을 외곽에 발효기와 열병합 발전소가 나란히 세워졌지. 처음에는 메탄가스로 물을 데워 난방에 사용했고, 그 다음에는 전기를 생산해서 외부의 전기 회사에 팔기 시작했지. 첫 해에는 적자였지만, 그 다음 해부터는 곧바로 흑자로 돌아섰단다.

열병합 발전소와 전기 회사, 농가와 목장이 연계되는 시스템이 안정되면서 윤데 사람들의 재정 상태는 점점 나아졌어. 또, 발전소가 생기면서 일자리가 늘어났고, 윤데 프로젝트의 성공이 알려지면서 많은 나라에서 견학을 오기 시작했어. 그래서 볼 거라곤 드넓은 농지와 소뿐이 없던 이 시골 동네에 관광 산업도 시작되었단다.

일자리가 늘어나고 생활비는 저렴하고, 녹색 에너지가 생산되는 깨끗한 마을이라는 이미지가 알려지면서 윤데로 주거지를 옮기는 도시인들도 늘어났어. 이주민들을 위한 최신식 주택 단지가 새롭게 만들어졌지. 도시에서 이주한 사람들이 딱히 농사꾼은 아니기 때문에 농업 이외의 직업 종사자들의 비율도 늘어나기 시작했어. 덕분에 농촌이 쇠락하는 곳이 아니라, 도시와 공존할 수 있는 삶의 공간이라는 것을 사람들에게 일깨우게 되었지.

윤데의 변화를 지켜본 도시 사람들의 생각도 달라졌어.

"도시에 사는 도시인과 농촌에 사는 농민들이 하는 일은 달라도, 서로를 이해하고 커다란 목표 아래 뜻을 합치면 세상을 변화시킬 수 있군요. 윤데 사람들은 우리에게 바로 이 점을 보여 줬어요!"

그리고 하나 더 살펴볼 게 있어! 윤데 프로젝트를 잘 뜯어보면 현대 자본주의의 방식에서 조금 벗어나 있는 걸 알 수 있단다. 오늘날 자본주의 세상은 모든 것이 거의 돈으로 이루어져 있어. 먹고 자고 입는 것을 비롯해, 생활에 필요한 거의 모든 물건들을 돈을 주고 사야 하지. 그래서 그 돈을 벌기 위해 사람들은 더욱더 많은 일을 해야 하고.

하지만 윤데 프로젝트에서는 농가에서 버리는 쓰레기를 돈을 주고 사지만, 정작 천연 비료 같은 것은 무료로 나눠 주고 있어. 만일 천연 비료를 돈을 받고 팔았다면 협동조합에 큰 이익이 되었을 거야. 하지만 천연 비료를 무료로 나눠 줌으로써, 윤데 프로젝트의 목표가 단지 돈을 버는 데에만 있지 않다는 사실을 말해 줘. 그보다는 지역 주민, 독일, 더 나아가 지구 전체가 행복해지길 바라는 철학이 담겨 있는 거야.

윤데 프로젝트의 목표는 단순히 첨단 기술로 문제를 해결하자는 게 아니야. 사람들이 고정 관념에서 깨어나, 새로운 방법으로 돈을 벌고, 이웃과 함께하며, 그것이 지역 환경은 물론이고 지구의 환경까지 바꿀 수 있다는 것을 깨달았다는 점이 더 중요해. 즉, 사람이 생각을 달리하고 행동하면, 세상을 바꿀 수 있다는 시민의 힘이 얼마나 중요하고 효과적인 것인지 우리에게 알려 준 거야.

### 미래를 준비하는 마을, 윤데로 오세요!

바이오매스 발전소가 설립된 뒤, 독일 정부는 윤데를 '미래를 준비하는 마을'로 선정했어. 2004년에는 독일 농업부, 환경부 장관이 직접 윤데를 찾아 '독일 농촌의 미래'라며 칭찬을 아끼지 않았지. 이것만 보아도 독일이 얼마나 윤데를 자랑스럽게 여기는지 알 수 있지?

800년 동안 평범한 농촌 마을이었던 윤데는 오늘날 마을 역사를 새롭게 쓰고 있어. 이전에는 평범한 시골 마을이었다면, 지금은 윤데 프로젝트를 계기로 21세기형 농촌 마을로 거듭나고 있지.

윤데는 이제 독일을 넘어서 전 세계가 주목하는 마을이 되었어. 2003년 일본에서 윤데 프로젝트를 직접 보기 위해 방문한 것을 시작으로, 전 세계에서 윤데를 찾고 있단다. 2006년 통계를 보면 1년 동안 윤데를 다녀간 외국인들이 자그마치 7,200여 명이었어. 해마다 세계 각지에서 1,000팀 이상씩 윤데 마을의 지식과 경험을 배우기 위해 오고 있단 말이지.

이렇게 방문객들이 밀려들자 마을에서는 자신들이 가진 지식과 경험을 나누기 위해 프로

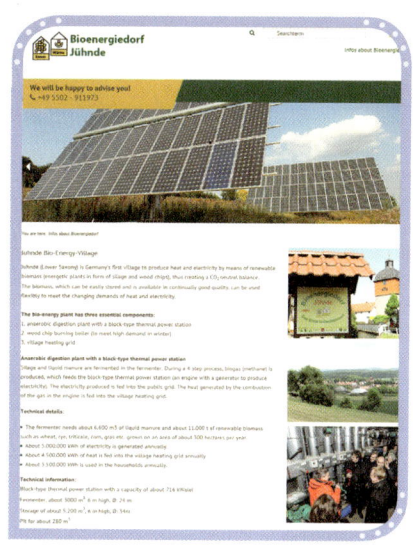
○ 에너지 마을 윤데를 홍보하는 홈페이지야.

그램을 만들고 있어. 방문객들이 6개월에서 1년 동안 묵으면서 생태 마을을 만드는 프로그램이야. 이런 과정은 특히 남아메리카나 아시아 등지에서 좋은 본보기가 되고 있어. 이들 나라에서는 농사 짓는 것으로는 더 이상 먹고살기 쉽지 않다고 여기는데, 윤데는 그렇지 않다는 사실을 보여 주고 있으니 말이야.

하지만 윤데가 이룬 성공이 처음부터 쉬웠던 것은 아니야. 이 윤데 프로젝트는 아이디어 구상부터 실제 시설물의 완공까지 무려 7년이나 걸렸어. 그중에 5년은 마을 사람들이 생각과 뜻을 모으고, 실행하기 위해 준비하는 기간이었지. 5년은 결코 짧은 기간이 아니야. 중간에 생각이 바뀔 수도 있고 상황이 바뀔 수도 있지. 그런

데 윤데 주민들은 흔들리지 않고 프로젝트를 계속 진행했어.

윤데 사람들은 무엇 때문에 그렇게까지 견고하게 자신들의 뜻을 펼쳐 나갈 수 있었던 것일까? 그건 바로 주민들 스스로가 '이대로는 안 된다, 우리가 변하지 않으면 세상이 결코 바뀌지 않을 것이다.'라고 생각했기 때문이야.

주민들이 각자 내놓은 1,500유로가 아주 많은 돈은 아니어도 아주 적은 돈도 아니었어. 특히 경제적으로 어려웠던 시기에 선뜻 내기에는 힘든 금액이었지. 또, 그렇게 해서 모은 돈의 3배 가까운 돈을 은행으로부터 빌려야 했으니 빚까지 졌던 셈이야. 멀쩡한 보일러를 뜯고 온수 파이프를 놓는 번거로운 공사도 참아야 했지.

게다가 이 프로젝트가 성공할지 실패할지는 아무도 몰랐어. 만약 실패했다면 주민들은 각자 내놓은 돈에 더해서 빚까지 져야 했을 거야. 교수들이 세운 계획이 훌륭하고 철저한 계획 아래 진행된다 해도 어떤 변수와 위기가 닥칠지 모를 일이었어.

그러나 윤데 마을의 주민들은 기꺼이 그 불확실한 일을 같이하기로 마음먹었어. 단순히 가축의 똥오줌과 밀짚을 팔아 이익을 얻고 전기를 팔아 돈을 얻겠다는 목적 때문만은 아냐.

"이런 식으로 화석 에너지를 낭비하다가는 다음 세대에 불이익이 올 수 있다는 점을 알게 되었죠. 그리고 이를 개선하기 위해서 우리가 해야 할 일을 했을 뿐입니다."

 어때, 시민들의 생각과 실천이 결국 이런 멋진 결과를 낳았지? 세상을 바꾸는 시민의 힘이 얼마나 큰지를 독일의 시골 마을 윤데가 보여 준 거야.

# ① 초록 슈퍼맨의 첫 번째 마인드맵

'마인드맵(Mind map)'이란 '생각의 지도'라는 말이야.
자신의 생각을 지도 그리듯 그림으로 나타내는
방법이야. 무지개 도시를 일군 초록 슈퍼맨의
마인드맵은 무엇으로 이루어져 있을까?
마인드맵을 따라가며 환경 개념도 익히고,
우리 생각의 갈래도 초록빛으로 물들여 보자.

## ★ 초록 슈퍼맨의 고민 ★

### 기후 변화란?

기후 변화가 일어나는 이유가 뭘까?
* 화석 연료를 사용하면서 온실가스가 대량 발생.
* 온실가스로 인해 지구 기후가 변화하기 시작함.
* 홍수와 가뭄, 녹아내리는 빙산, 생태계의 변화가 일어남.

### 어떻게 하면 기후 변화를 막을 수 있을까?

* 온실가스의 양을 줄여야 한다.
* 온실가스를 내뿜는 화석 연료를 대체할 새로운 에너지원을 찾아야 한다.
* 생태 도시를 만든다.

## 생태 도시란?

인간과 자연이 공존하며 지속 가능한 도시를 말한다.

* 신재생 에너지를 사용하여 지구의 자원 소모를 최대한 줄인다.
* 시민들이 자연과 환경에 대한 환경 의식이 있어야 유지가 가능하다.

## 화석 에너지를 대체할 다른 에너지를 찾아서 생태 도시를 만든다.

## 재생 에너지

재생 가능한 에너지로서, 온실가스가 나오지 않는다. 자연의 힘을 이용한 것으로, 화석 연료처럼 고갈될 위험이 없다.

### 태양 에너지
태양열과 태양광을 에너지로 바꿔 사용한다.

### 수력 에너지
물이 낙하하는 힘을 에너지로 바꿔 사용한다.

### 풍력 에너지
바람의 힘을 에너지로 바꿔 사용한다.

### 지열 에너지
지구 내부에서 나오는 열을 에너지로 사용한다.

### 파력 에너지
파도의 힘을 에너지로 바꿔 사용한다.

### 조력 에너지
밀물과 썰물이 일으키는 힘을 에너지로 바꿔 사용한다.

### 조류 에너지
좁은 해협의 조류가 일으키는 힘을 에너지로 바꿔 사용한다.

### 바이오 에너지
가축의 똥과 오줌, 식물 같은 바이오매스를 발효시켜 에너지를 만든다.

## 신 에너지

기존의 화석 연료를 변환시켜 이용하거나 수소, 산소 등의 화학 반응을 통하여 얻은 전기나 열을 이용하는 에너지를 말한다.

### 수소 에너지
수소를 연소시켜 얻는 에너지이다. 수소의 열량은 석유의 세 배이며, 물이 원료이므로 수송이나 저장이 쉽다.

### 연료 전지
연료의 연소 에너지를 열로 바꾸지 않고 직접 전기 에너지로 바꾼다.

### 석탄 액화 가스
석탄을 가공 처리하여 이산화탄소와 수소 가스로 만드는 것을 말한다. 석탄보다 에너지 효율이 좋아서 온실가스가 덜 나온다.

# 2 지구를 지키는 집을 짓는 프라이부르크

숲의 도시 프라이부르크를 알고 있니?
반나절을 걸어도 빠져나오지 못할 만큼
거대한 숲 근처에 자리 잡은 프라이부르크는
독일과 스위스, 프랑스, 오스트리아 등을 잇는
곳에 위치해 있지.
그런데 프라이부르크에는 사실 숨겨진 비밀이
있단다. 그건 바로 독일에서 가장 햇빛의 양이
풍부한 곳이라는 거야. 그리고 이곳 사람들은
햇빛을 가지고 큰 변화를 만들어 냈어.
과연 어떤 변화일까?

프라이부르크는 독일 남서부 바덴뷔르템베르크 주의 거의 끝단에 자리 잡고 있어. 약 150제곱킬로미터의 면적에 23만 명 정도의 인구가 사는 중소 도시야. 울창하게 우거진 검은 숲 슈바르츠발트 덕분에 아름다운 관광 도시로도 유명해.

### 원자력 발전소 건설을 중지하시오!

지금으로부터 200여 년 전, 독일의 그림 형제가 엮은 동화 〈헨젤과 그레텔〉 이야기를 알고 있니? 아마 알고 있는 친구들이 많을 거야. 지금까지도 널리 읽히고 있는 작품이니까.

이 이야기 속에서 가난 때문에 부모한테서 버려진 남매 헨젤과 그레텔은 깊은 숲속을 헤매다 과자 집을 발견하지. 남매는 신나게 과자를 뜯어 먹다가 마녀에게 붙잡히지만, 기지를 발휘해 마녀를 죽이고 오히려 보물을 빼앗아 집으로 돌아온다는 이야기야.

그런데 이 이야기가 프라이부르크와 어떤 연관이 있을까? 그건 두 남매가 길을 잃을 만큼 울창하고 커다란 숲이 바로 프라이부르크 인근에 있는 거대한 산림인 '슈바르츠발트'이기 때문이야. 슈바르츠발트는 독일어로 흑림, 곧 검은 숲이라는 뜻이야. 짙푸른 나무들이 빽빽하게 모여 있는 모습이 푸르다 못해 검게 보여 검은 숲으로 불린다고 해. 일단 숲에 들어가면 반나절은 걸어야 끝이 보일 정도

로 울창해서 대낮에도 어둑하다고 하니, 헨젤과 그레텔이 길을 잃은 건 어쩌면 당연한 일이었을지도 모르겠어.

바로 이 검은 숲이 시작되는 곳에 프라이부르크가 위치해 있어. 독일 남서부에 위치한 이곳은 독일인이 가장 살고 싶어 하는 도시 1위에 꼽히는 곳이기도 해. 거대한 숲과 아름다운 자연, 뮌스터 대성당을 비롯한 중세 고딕 양식의 고풍스러운 멋이 넘치는 건물들이 자리하고, 온화한 기후와 좋은 땅 덕분에 멋진 포도주까지 나는 곳이거든! 게다가 500년 이상의 역사를 지닌 프라이부르크 대학을 비롯한 중세 대학들과 극장, 박물관 같은 문화 시설도 잘 갖추어져 있지. 이만하면 독일 사람들이 가장 살고 싶은 도시로 왜 프라이부르크를 손꼽는지 이해가 되지?

그런데 여기에 중요한 한 가지가 더 있어. 프라이부르크는 이제 '환경'이란 말을 빼놓고는 말할 수 없는 도시라는 점이야. 1992년 독일 연방의 '환경 수도'로 지정되면서 독일은 물론 '유럽의 환경 수도', 더 나아가 '세계의 환경 수도'로 자리 잡았거든. 독일 최초로 환경을 담당하는 부시장을 두어 환경에 관한 일들을 총괄하게 할 정도로, 프라이부르크 시와 주민들은 환경을 최우선으로 두고 도시를 가꾸고 있어. 누가 봐도 살맛 나는 도시라고 할 수 있겠지?

그런데 프라이부르크가 환경 수도로 자리 잡게 된 게 아무 노력

◐ 숲과 유서 깊은 건물들로 조화를 이룬 프라이부르크의 모습이 참 아름답지?

없이 이루어진 것은 아니었어. 시민들이 오랫동안 싸우고 투쟁해서 이룬 것이지. 시민들이 왜 싸우고 투쟁했냐고? 그에 관련해서는 이제부터 찬찬히 들려줄게.

1970년대 초, 독일 정부가 프라이부르크 외곽의 '비일'이라는 곳에 원자력 발전소를 건설하겠다는 계획을 발표했어.

당시 전 세계는 석유 때문에 비상이 걸린 상태였어. 석유가 많이 나는 중동 지역에 전쟁이 일어나 안정적인 공급이 어려워졌기 때문이야. 석유 값은 크게 치솟았고, 석유를 수입해야 하는 독일은 큰 어려움을 겪게 되었지. 그런 상황에서 떠오른 것이 원자력 발전소였어. 원자력의 재료가 되는 우라늄 등은 석유처럼 중동 지역에 집중되어 있지 않고, 가격도 그리 비싸지 않았어. 독일 정부는 비일에 원자력 발전소를 세우면 안정적인 에너지원이 생기고 경제적으로도 도움이 될 거라고 확신했어.

하지만 이 계획을 적극 반대한 사람들이 있었어. 바로 프라이부르크의 주민들이었어. 원자력 발전소가 들어서면 이 지역의 자랑인 숲과 포도밭이 파괴되는 건 불을 보듯 뻔한 일이었으니까. 주민들은 남녀노소 할 것 없이 원자력 발전소 건설을 반대하는 시위와 집회에 참여해 목소리를 높였어.

"원자력 발전소가 자연을 망친다!"

"라인 강이 방사능에 오염된다!"

"원자력 발전소가 포도주를 망친다!"

포도밭을 가진 농민들은 절박한 심정으로 반대 집회에 참여했어. 원자력 발전소가 건설되면 발전소에서 열을 식히기 위해 뜨거운 물을 주변으로 흘려보내는데, 그렇게 되면 강물의 온도가 올라가게 돼. 강물의 온도가 달라지면 포도나무에 영향을 줄 수밖에 없어. 포도주를 만들어서 먹고사는 이곳 사람들에게 원자력 발전소 건설은 생업이 걸린 큰 문제였지.

시민들의 움직임에 학생과 지식인 들 또한 뜻을 같이하면서 반대 운동은 퍼져 나갔어. 이에 힘입어 프라이부르크 시와 시 의회도 함께 반대했지. 그러자 원자력 발전소 지지자들은 이렇게 주장했어.

"원자력은 조심하기만 하면 세상에서 가장 깨끗하고 안전한 에너지입니다! 반대 시위는 감정에 치우친 잘못된 행동입니다!"

이에 시민들은 논리적으로 반박하기로 했어.

"우리는 감정적으로 나서는 게 아닙니다. 왜 원자력 발전소가 필요 없는지를 논리적으로 설명하겠어요."

시민들은 환경을 지키기 위한 전문 연구 기관을 만들었어. 그리고 한편으로는 스스로를 돌아보았지. 무분별하게 자가용을 이용하고, 전력을 낭비하고, 자원을 함부로 썼던 결과가 원자력 발전의 필

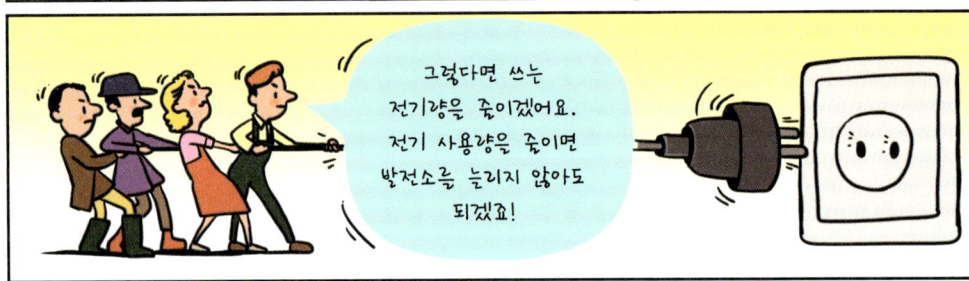

요성을 만든 게 아닌가 하고 반성했던 거야. 막연히 원자력 발전소를 반대하는 것이 아니라 과거의 행동들을 스스로 돌아보게 되었단 말이지. 그러자 사회적 분위기가 바뀌기 시작했어.

"원자력 발전소가 필요하다는 것은 전기가 많이 필요하다는 뜻이고, 그 전기를 쓰는 사람들은 바로 우리 자신이야. 그렇다면, 우리가 전기를 절약하면 되지 않을까?"

이런 생각이 퍼지고 이에 동조하는 사람들이 늘어나면서 결국 독일 정부의 국책 사업이었던 비일 원자력 발전소 건설 계획은 취소되었어. 동시에 프라이부르크의 시민들은 환경 의식에 눈을 뜨게 되었지.

## 프라이부르크 시민들은 왜 반대했을까?

프라이부르크 시민들이 원자력 발전소를 반대한 데에는 더 근본적인 이유가 있어. 원래 프라이부르크 주변에 있는 검은 숲은 앞서 말했듯이 낮에도 컴컴할 정도로 울창한 숲이었어. 그런데 유럽에서 빠르게 공업화가 진행되면서, 점차 환경이 오염되어 갔어. 공장에서 끊임없이 솟아오르는 연기는 공기를 더럽혔고, 결국 산성비까지 내

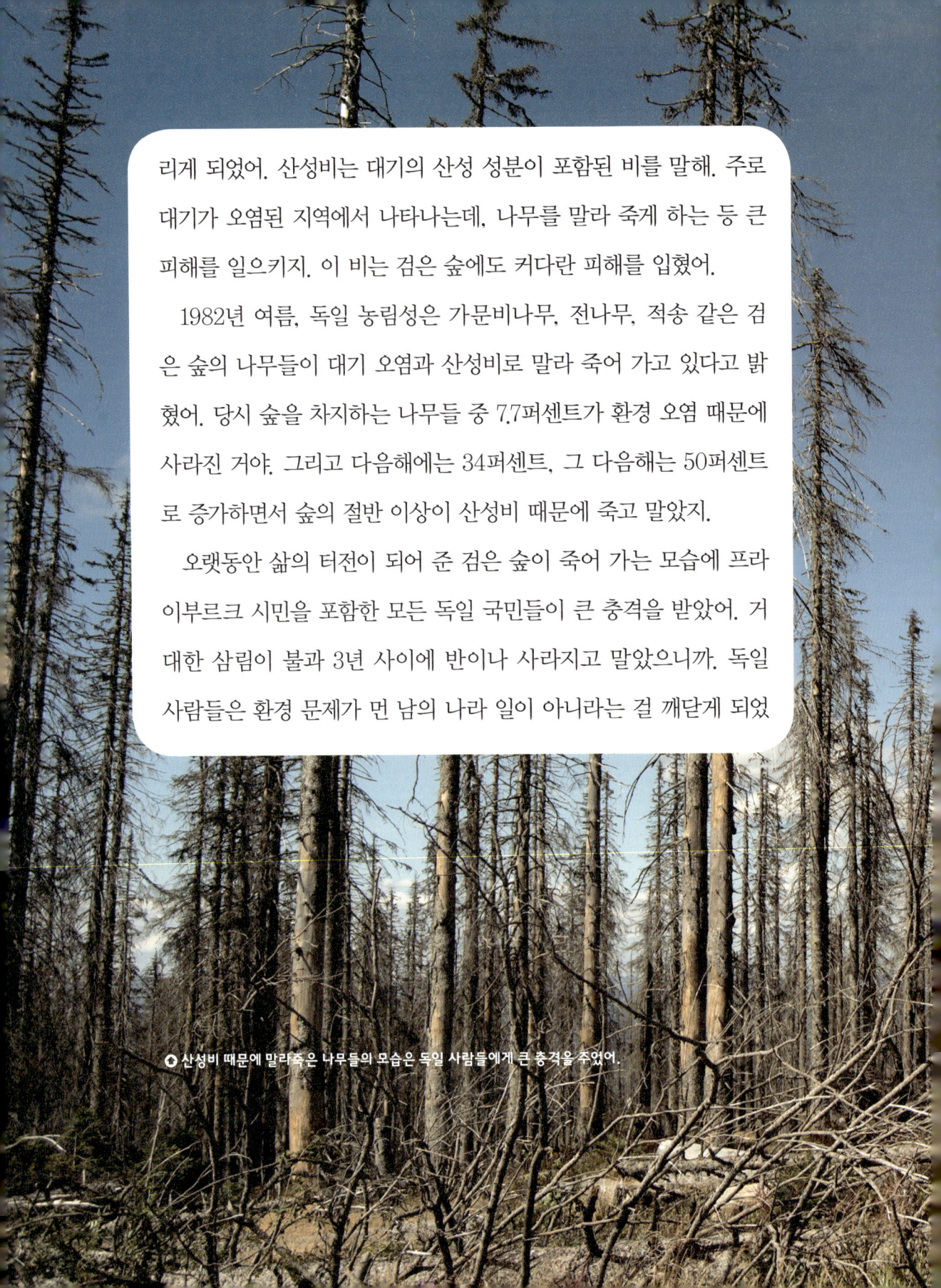

리게 되었어. 산성비는 대기의 산성 성분이 포함된 비를 말해. 주로 대기가 오염된 지역에서 나타나는데, 나무를 말라 죽게 하는 등 큰 피해를 일으키지. 이 비는 검은 숲에도 커다란 피해를 입혔어.

1982년 여름, 독일 농림성은 가문비나무, 전나무, 적송 같은 검은 숲의 나무들이 대기 오염과 산성비로 말라 죽어 가고 있다고 밝혔어. 당시 숲을 차지하는 나무들 중 7.7퍼센트가 환경 오염 때문에 사라진 거야. 그리고 다음해에는 34퍼센트, 그 다음해는 50퍼센트로 증가하면서 숲의 절반 이상이 산성비 때문에 죽고 말았지.

오랫동안 삶의 터전이 되어 준 검은 숲이 죽어 가는 모습에 프라이부르크 시민을 포함한 모든 독일 국민들이 큰 충격을 받았어. 거대한 삼림이 불과 3년 사이에 반이나 사라지고 말았으니까. 독일 사람들은 환경 문제가 먼 남의 나라 일이 아니라는 걸 깨닫게 되었

◐ 산성비 때문에 말라죽은 나무들의 모습은 독일 사람들에게 큰 충격을 주었어.

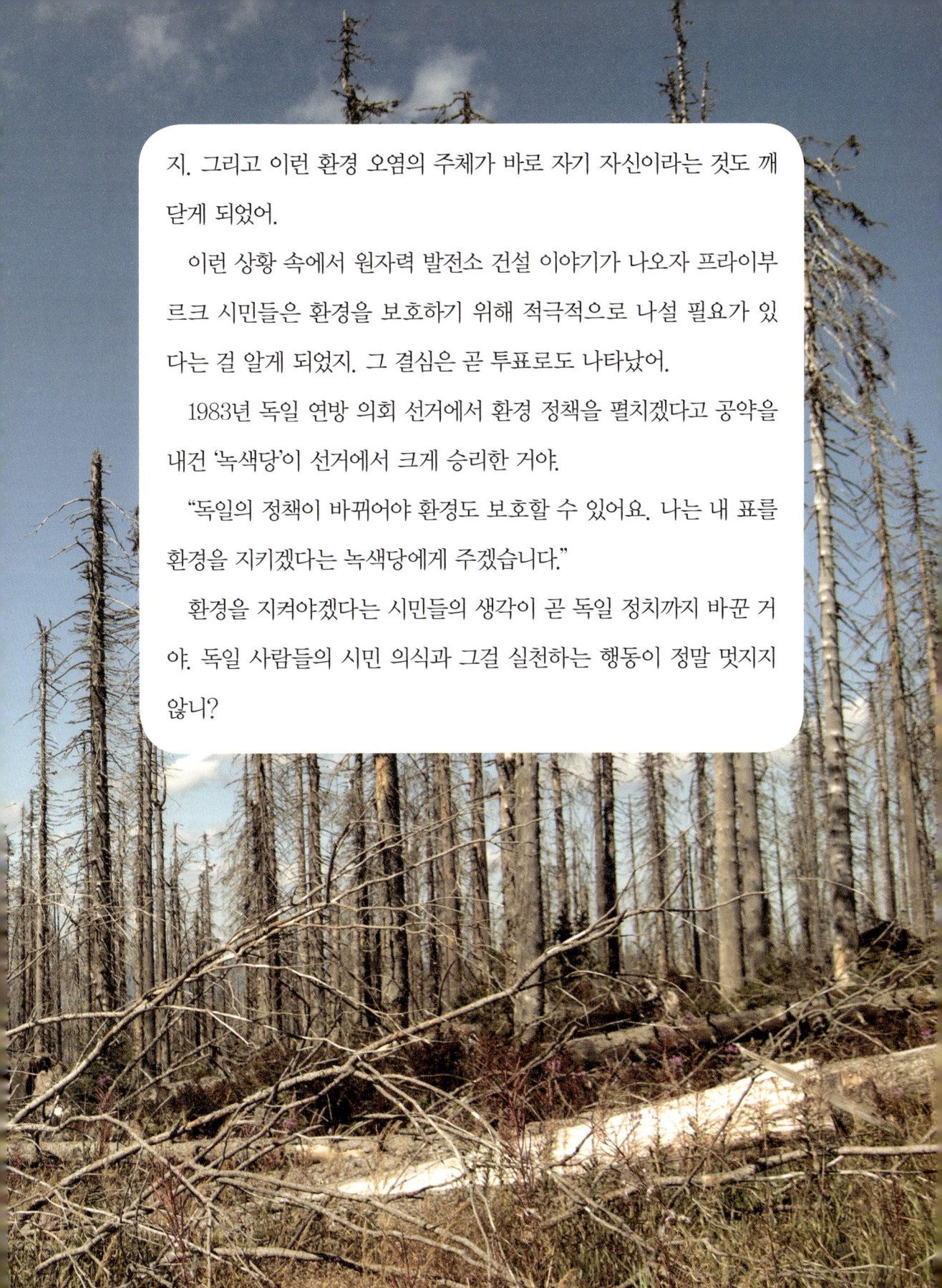

지. 그리고 이런 환경 오염의 주체가 바로 자기 자신이라는 것도 깨닫게 되었어.

이런 상황 속에서 원자력 발전소 건설 이야기가 나오자 프라이부르크 시민들은 환경을 보호하기 위해 적극적으로 나설 필요가 있다는 걸 알게 되었지. 그 결심은 곧 투표로도 나타났어.

1983년 독일 연방 의회 선거에서 환경 정책을 펼치겠다고 공약을 내건 '녹색당'이 선거에서 크게 승리한 거야.

"독일의 정책이 바뀌어야 환경도 보호할 수 있어요. 나는 내 표를 환경을 지키겠다는 녹색당에게 주겠습니다."

환경을 지켜야겠다는 시민들의 생각이 곧 독일 정치까지 바꾼 거야. 독일 사람들의 시민 의식과 그걸 실천하는 행동이 정말 멋지지 않니?

## 무지개 도시를 만드는 시민의 힘

프라이부르크가 에너지 자립 도시를 이루어 낸 데에는 시민들이 자발적이고 적극적으로 참여했기 때문이라고 했지? 그럼 실제로 어떤 활동을 했는지 살펴볼까? 독일 최대의 환경 단체이자 녹색당의 모태 역할을 한 '베우엔데'의 대표 **악셀 마이어** 씨의 이야기를 들어 보자.

❝ 베우엔데(BUND)는 '독일 환경 자연 보전 연맹(Bund für Umwelt und Naturschutz Deutschland)'의 약자입니다. 독일어로 '연방'이란 뜻도 담고 있어요. 환경을 독일 전체가 의논해야 할 문제라는 것을 전달하기 위해서 지은 이름이죠.

1973년 9월에 설립되어 비일 원자력 발전소 반대 운동을 펼쳐 나갔어요. 체르노빌 발전소 폭발 사건 이후에는 핵발전소 반대뿐만 아니라 에너지 사용 줄이기와 태양광, 풍력 에너지 같은 재생 에너지 개발 운동으로 점차 넓혀 갔지요.

녹색당이 연방 의회에서 다수 선출되었던 것은, 우리를 비롯한 70여 개 시민 단체가 힘을 합친 결과입니다. 자연을 보호하는 단체는 100년 전에도 있었지만 별 영향력을 발휘하지는 못했어요. 하지만 오늘날 우리가 자연을 보호하는 데 그치지 않고 정치에 참여해서, 환경에 대한 우리의 뜻이 정치에 반영되도록 하고 있지요.

베우엔데의 회원은 프라이부르크 주변으로는 1만 4,000여 명이 있고 독일 전체로는 40만 명에 이릅니다. 우리는 세계적으로 가장 큰 태양 에너지 단지를 만들자고 제안하고 시와 함께 가꾸고 있습니다.

어떻게 시민들의 참여를 이끌어 내느냐고요? 눈에 보이면 행동하는 법이죠. 편지와 인터넷으로 홍보하고 일요일엔 교회에까지 찾아가 '교회와 에너지'를 주제로 강연을 하기도 합니다. 우리는 다양한 방법을 찾고 행동합니다."

##  원자력 발전소가 왜 위험할까?

원자력 발전소는 적은 비용으로 많은 양의 에너지를 만들 수 있어. 하지만 원자력 발전과 원자 폭탄의 원리는 같아. 자칫 잘못하다가는 어마어마한 피해가 일어날 수 있고, 그럴 경우 인체와 지구 환경에 치명적인 방사능이 유출될 수 있어. 쓰고 난 우라늄 연료를 안전하게 처리하는 것도 무척 힘들지. 그래서 오늘날에는 원자력 발전소가 정말 안전한 에너지 대책인가에 대해 고민하는 사람이 많아. 프라이부르크 시민들도 이런 위험성을 알고 있기에 원자력 발전소에 반대했던 거야.

하지만 원자력 발전소의 건설을 막았다고 해서 일이 해결된 건 아니야. 프라이부르크 시민들은 자신들이 약속한 대로 에너지 사용을 줄일 방법을 마련해야 했어. 그렇다고 해서 누가 "이렇게 합시다!"라는 말에 맹목적으로 따른 것은 아니었어. 사람마다 서로 생각이 다를 수 있으니, 환경 문제에 대해 서로 의견을 나눠서 합의를 하고, 그 합의에 대해서는 꾸준히 실천하자고 결심했지.

시민 모두가 꾸준히 실천해야 했으니, 내용이 어렵거나 복잡해서는 안 되겠지? 그래서 프라이부르크의 환경 운동은 다음 두 가지 내용에 집중되었어.

> 첫째, 환경을 해치지 않는 녹색 에너지를 만들자.
> 둘째, 환경을 보호하는 녹색 교통을 이용하자.

앞서 말했듯, 독일 사람들은 산성비 때문에 말라 죽은 검은 숲의 피해에 대해 매우 충격을 받았어. 이를 해결하지 않는다면 환경 운동을 하는 이유가 없겠지? 그래서 산성비의 주범인 자동차의 배기가스를 비롯해, 화석 연료를 사용하면서 나오는 오염 물질들을 줄이기로 했어. 그러려면 자동차의 숫자를 줄이고, 환경을 해치지 않는 에너지를 사용해야 해.

이렇게 프라이부르크 시민들의 결심이 굳어져 가는 가운데, 1986년 4월, 구소련의 체르노빌 원자력 발전소에서 폭발 사고가 터졌어. 작은 실수로 원자력 발전소가 폭발해 수많은 사람들이 목숨을 잃었지. 그리고 살아남은 사람들도 방사능 후유증으로 인해 커다란 고통을 당했고. 이를 보면서 전 세계 사람들은 원자력 발전이 안전하지 않다는 사실을 알게 되었어. 프라이부르크 사람들 역시 마찬가지였지.

### 환경을 해치지 않는 녹색 에너지를 찾자!

1986년, 프라이부르크 시 의회가 '원전 탈출'과 함께 '에너지 자립 도시'를 선언했어. 독일 연방 정부가 국가적으로 원자력 발전을 포기한 해가 2000년이었다는 것과 비교하면, 프라이부르크는 무려 14년이나 앞서 결정을 한 거야.

이때부터 프라이부르크는 자기 지역에서 나는 원료로 에너지 자립을 하겠다는 정책을 펼쳤어. 하지만 프라이부르크에서는 석유가 나지 않아. 그렇다면 어떻게 에너지 자립을 할 수 있을까?

"방법은 간단합니다. 에너지를 최대한 안 쓰는 거죠. 써도 최대한 효율적으로 쓰고, 환경을 해치지 않는 녹색 에너지를 찾기로 했습니다."

프라이부르크는 우선 건물의 단열부터 높이기로 했어. 많은 에너지가 건물을 따뜻하고 시원하게 만들기 위해 쓰이고 있거든. 겨울에는 집을 따뜻하게 만드느라 기름보일러를 펑펑 틀고, 여름에는 시원하게 보내느라 에어컨을 펑펑 트는 식이지. 그런데 집을 꼼꼼하게 지어서 외부의 공기가 집 안으로 들어오지 않게 하면, 난방비나 냉방비가 놀라울 만큼 절약된단다. 보통 집이 난방비로 1년에 100

○ **최초의 패시브 하우스**
1988년 스웨덴의 보 아담스 교수와 독일의 볼프강 페이스트 교수는 남쪽으로 큰 창을 내서 적극적으로 태양열을 끌어들이고, 단열성을 강화한 패시브 하우스를 연구했어. 왼쪽 사진은 1990년에 지어진 최초의 패시브 하우스로, 난방 비용이 일반 주택의 10퍼센트에 불과해.

만 원을 쓴다면, 단열이 잘된 집은 10만 원까지 줄어들지.

물론 단열을 잘하려면 건축 재료비가 더 들긴 해. 하지만 날이 갈수록 오르는 에너지 비용을 생각하면, 장기적으로는 건축비 이상의 에너지 비용을 충분히 뽑아낼 수 있지. 그래서 프라이부르크에서는 1992년부터는 아예 시의 공공건물이나 시 소유의 토지에 짓는 모든 건축물은 '저에너지 건축'만 지을 수 있도록 했어. 그리고 시가 나서서 '절전형 전구'를 무료로 나눠 주고, 에너지 절약 주택을 짓는 데 보조금을 지원하는 등 크고 작은 에너지 절약 대책을 세웠단다.

이렇게 에너지를 절약하는 방법을 찾는 한편, 다양한 신재생 에너지를 연구했어. 태양광, 풍력, 수력, 지열 같은 자연 에너지를 적극 활용하는 정책을 펼쳐 나간 거야. 그중에서도 가장 중점을 두고 있는 것은 태양 에너지야. 프라이부르크는 연간 1,800시간의 일조량(물건이나 지표면에 내리쬐는 햇볕의 양)을 자랑하는 독일 최고의 햇빛 동네야. 그래서 재생 에너지 중에서도 태양광 발전을 하기에 아주 좋은 조건을 가지고 있지.

태양광 발전은 햇빛으로 전기를 일으키는 기술이야. 태양은 365일 햇빛을 듬뿍 보내 주고 있고, 앞으로도 수천, 수억 년 동안 햇빛을 보내 줄 거야. 그렇기 때문에 일조량만 풍부하다면, 태양은 마르지 않는 에너지원이 될 수 있지.

이렇게 프라이부르크가 에너지 자립에 대해 공감대를 가질 무렵, 유럽 최대의 태양광 연구소가 프라이부르크에 세워졌어. 이 연구소 덕분에 프라이부르크가 태양 에너지의 메카로 자리 잡는 계기가 되었지. 연구소가 활발하게 태양광을 연구하면서, 태양 에너지와 관련된 기업과 연구소 들이 프라이부르크에 속속 들어서게 되었거든.

오늘날, 프라이부르크 곳곳에서 태양열을 모으는 집열판을 쉽게 찾아볼 수 있어. 프라이부르크 중앙역 새 역사 건물에는 높이가 60미터나 되는 '솔라 타워'가 세워져 있단다. 태양의 도시라는 상징이지. 또, 프라이부르크 드라이잠 축구 경기장 서쪽 스탠드 지붕에도 대형 태양광 발전 장치가 설치되어 있어. 축구 경기장 관중석을 늘리면서 태양광 발전 장치를 설치한 거야. 이보다 앞서 한 출판사 건물 지붕에도 태양광 발전 장치가 설치되어 주목을 받기도 했어.

마치 자투리땅도 놀리지 않고 농사를 짓는 부지런한 농부처럼, 프라이부르크 시민들은 태양을 경작하는 농부들처럼 햇빛을 모아서 에너지를 만들고 있단다. 일반 건물 따로, 태양광 발전 시설 따로가 아니라, 삶의 공간 곳곳에 태양 에너지를 저장하고 있지.

프라이부르크 시내에 설치된 태양광 발전 장치는 모두 60여 곳으로, 시민 한 사람당 태양광 발전 장치의 수가 독일에서 가장 많단다.

환경을 보호하는 녹색 교통을 이용하자!

에너지 자립과 더불어 프라이부르크의 대표적인 환경 정책은 바로 녹색 교통이야. 녹색 교통 혁명의 핵심은 아주 간단해. 자동차 사용을 줄이는 거야! 그러면 배기가스가 줄어서 공기가 깨끗해지겠지?

말은 쉽지만 실천하기 쉬운 일은 아니야. 특히 유럽처럼 차를 자기 발처럼 여기는 곳에서 차를 포기한다는 것은 굉장히 불편한 일이거든. 그렇다면 어떻게 자기 차를 포기할 수 있도록 만들 수 있을까?

프라이부르크는 시민들이 자가용 대신 대중교통을 이용할 마음

○ 프라이부르크의 노면 전차는 하루에 약 21만 명이 이용하는 시민의 발이야.

이 나도록 대중교통을 편리하게 정비했어. 우선 노면 전차를 늘이고 시내버스 노선도 늘렸지.

만일 집에서 버스 정거장이나 전철역이 멀리 있으면 사람들은 자연스럽게 자가용이 타고 싶을 거야. 하지만 버스 정거장과 시내버스가 자주 오도록 수를 늘리고, 집 앞에서 곧장 대중교통을 이용할 수 있다면 굳이 자가용을 타지 않겠지?

그리고 또 한 가지! 자전거 타기를 적극 권장했어. 자전거 타기 편하도록 자전거 전용 도로를 만들고 자동차 주차장을 대부분 자전거 주차장으로 바꾼 거야.

"자전거를 타면 배기가스가 없고 시민들도 운동도 되니 일거양득이지요."

프라이부르크의 주민은 한 사람당 자전거를 한 대 이상 갖고 있어. 자전거를 쓰기 편하도록 펼친 정책 덕분에 자전거 속도가 자동차보다 빨라서 자전거 배달 서비스까지 등장할 정도란다.

이렇게 대중교통과 자전거를 타도록 적극 유도하는 한편, 자동차는 타기 불편하게 만들었어. 주택가에서는 최고 속도를 시속 30킬로미터로 제한하고, 시내 중심지로 들어가는 자동차 도로는 줄이거나 아예 출입을 막았어. 자동차 주차 요금도 올렸지.

이렇게 되자 자동차를 이용하는 것보다 대중교통이나 자전거를 이용하는 게 훨씬 편해졌어. 자가용의 사용이 자연스럽게 줄게 되었고, 덕분에 자동차 배기가스와 소음은 눈에 띄게 줄었지. 교통사고도 예전의 40퍼센트 수준으로 떨어졌어.

또, 미래의 주역이 될 아이들에게 녹색 교통을 위한 교육도 실시했어. 독일의 어린이는 초등학생이 되면 의무적으로 자전거 교육을 받도록 되어 있어. 그래서 어릴 때부터 자전거 타기의 기본뿐만 아니라 보호 장비 착용이나 교통 법규를 지키는 것도 몸에 익숙하게 배어 있지.

이만하면 프라이부르크가 왜 녹색 교통의 천국인지 알 수 있겠지?

○ 프라이부르크 중앙역에는 자전거 전용 주차장인 '모빌레'란 건물이 있어. 자전거 바퀴를 연상시키는 원형의 3층 건물인데, 건물의 구성이 참 재미있어. 1층은 승용차 함께 타기 주차장, 2층은 자전거 주차장, 3층은 자전거 클럽, 자전거 여행 안내소, 판매, 수리점 등이 있어. 2층 자전거 주차장은 자그마치 1,000대나 자전거를 주차할 수 있다고 해. 또, 모빌레 건물 자체가 자전거 홍보 센터의 역할도 하고 있지. 모빌레 옆에 위치한 다리도 자전거 전용 다리란다.

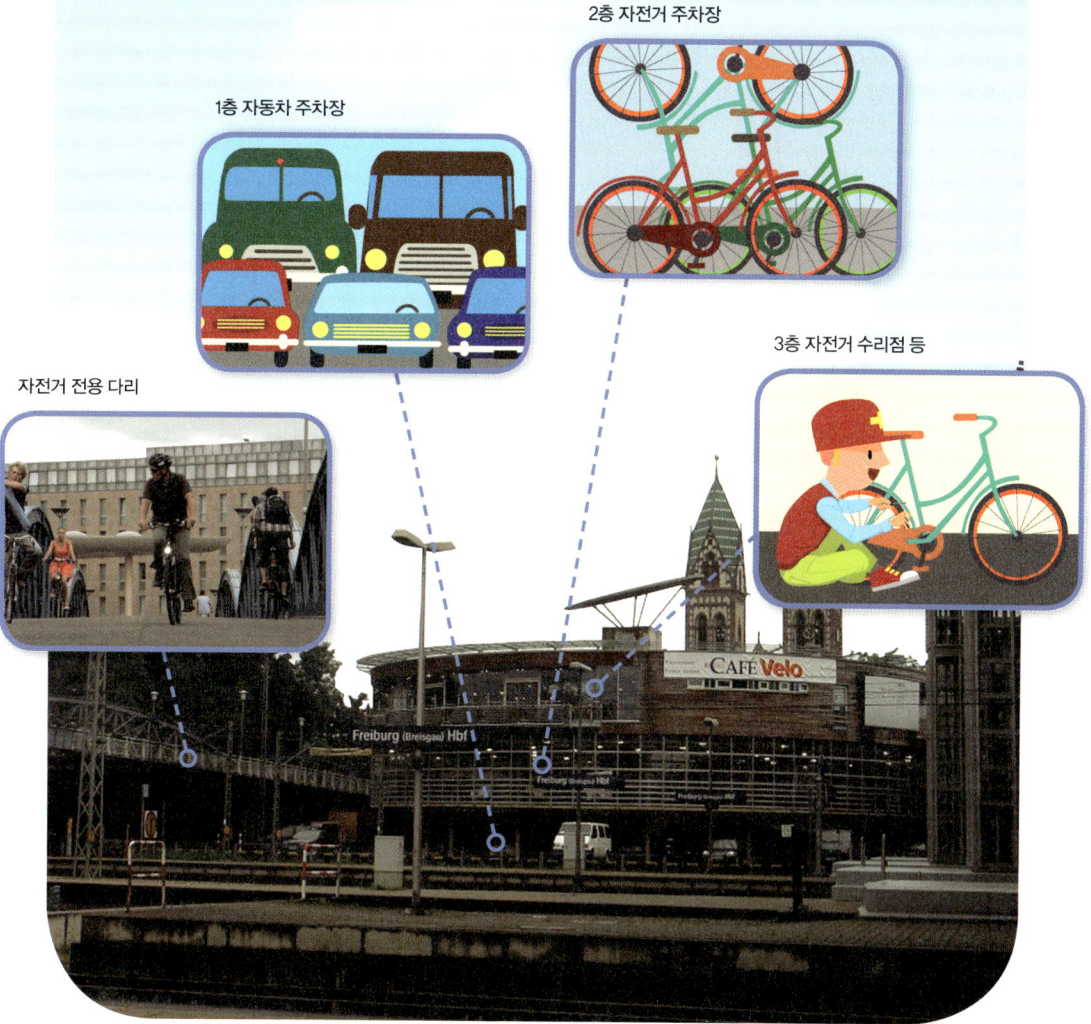

1층 자동차 주차장

2층 자전거 주차장

3층 자전거 수리점 등

자전거 전용 다리

## 프라이부르크의 환경 교과서, 보봉 생태 마을

자, 그럼 이번에는 프라이부르크의 생태 마을 보봉을 가 볼까? 보봉은 프라이부르크 도심에서 약 3킬로미터 정도 떨어진 곳에 자리 잡은 생태 마을로, 태양 에너지, 녹색 교통, 주민 자치 등 프라이부르크의 환경 정책이 두루 잘 실현되고 있는 곳이야. 프라이부르크의 환경 교과서로 통하는 곳이지.

이곳은 원래 군대가 주둔해 있던 곳이었어. 제2차 세계 대전 때 독일이 패한 뒤, 1992년까지는 프랑스 군의 병영이 있었어. 그런데 프랑스 군대가 철수하고 난 뒤 빈 터에 이 지역을 어떻게 활용할지에 대해 고민하게 되었지. 여러 가지 활용 방안을 놓고 공청회를 열었는데, 주민들은 이곳을 생태 마을로 만들자는 제안에 지지했어. 그래서 프라이부르크 시의 지원을 받아 생태 마을을 만들기 위한 시민 모임 '보봉 포럼'이 만들어졌지.

보봉 포럼 회원들은 이곳을 어떻게 생태 마을로 만들까 고민했어. 회원들은 오랫동안 토론한 끝에 다음과 같은 실천 조항들을 만들었지.

"태양열을 우리 마을의 주 에너지원으로 합시다."

"자동차 사용을 줄이고 물을 아낄 수 있는 곳으로 만들어요."

"콘트리트는 생태 순환의 고리를 끊습니다. 콘트리트를 쓰지 않는 곳으로 만들어요."

이렇게 여러 가지 실천 조항을 정하고 난 뒤에는 마치 게임 속에서 마을을 만들듯, 치밀하게 생태 마을을 위한 조각들을 하나하나 채워 나갔어.

우선 보봉 마을의 제 1구역에는 패시브 하우스를 40여 세대 지었어. 패시브 하우스를 지으면 일반 주택에서 사용하는 것에 비해 에너지 사용량을 90퍼센트까지 줄일 수 있어. 온실가스를 줄이고 자원을 아껴서 자연과 함께 공존하고자 한 거야.

또, 보봉은 차 없는 마을로 만들었어. 처음에는 아예 주차 공간이 없는 마을을 만들려고 했지만 독일에서는 집을 지을 때 주차 공간을 꼭 만들도록 법으로 정해 놓고 있어. 또, 외부 사람이 차를 갖고 들어오면 세울 장소가 필요하기도 했지. 그래서 주민은 마을에서 조금 떨어진 곳에 공동 주차장을 마련했어. 그리고 응급차와 짐을 부리는 차를 제외하고는 마을 안 도로에 차를 세우는 것을 금지했어.

대신 마을을 가로지르는 노면 전철과 버스 노선을 계획적으로 잘 세워서, 주민들 대부분은 편리한 대중교통을 이용한단다. 그래서

○ 보봉 마을의 차 없는 거리야. 왼쪽의 엄마와 아이가 손을 잡은 표지판은 보행자 전용 도로라는 뜻이지.

보봉은 1,000명당 자동차 수가 불과 85대에 불과해. 차 있는 사람보다 없는 사람이 훨씬 많은 거지. 반면 자전거는 1,000명당 858대로, 마을 전체 교통량의 50퍼센트를 자전거가 차지하고 있단다.

보봉은 지난 2000년에 입주를 시작해 2014년 현재 인구 5,800여 명이 살고 있어. 주민들은 보봉으로 이사한 뒤, 달라진 환경에 크게 만족한다고 해. 차가 없으니 자동차 경적 소리도 없어서 한낮에도 조용하고, 창문을 열어 놓아도 소음과 매연 걱정이 없어. 아이들이 골목 안에서 뛰어놀아도 마음이 놓여. 물론 자동차가 없으니 학부모들은 아이들을 자전거 뒤에 태우고 등하교를 시켜야 하지. 하지만 이 문제에 대해 학부모들은 다음과 같이 말한다고 해.

"자동차를 없애면서 물론 불편하기는 해요. 하지만 그 전에는 결코 누리지 못했던 고요와 평화, 안전을 얻었답니다."

보봉의 다른 주민도 자동차가 없어지면서 색다른 효과가 생겼다고 말하지.

"자동차를 줄임으로써 가장 좋아진 것은 이웃 관계가 돈독해진 것입니다."

자동차 도로였던 공간에서 자동차가 사라지면서, 도로는 아이들이 놀고 이웃끼리 정을 나누는 공간으로 바뀌었어. 그러자 자연스럽게 마을 공동체가 살아났어. 이제 보봉 마을은 단순히 먹고 자고 생활하는 집이 있는 곳이 아니라, 이웃과 교류하고 정을 나누는 공동체 공간이 된 거야.

그리고 돈이 절약되는 효과도 생겼어. 대기 오염으로 인한 호흡기 질환을 앓는 사람들이 많았는데, 배기가스가 줄어 대기 오염이 해결되면서 호흡기 질환 환자의 수가 크게 줄어든 거야. 호흡기 질환이 줄었으니 당연히 의료비 또한 줄어들었지. 또, 차를 움직이려면 드는 기름 값이며, 주차비, 도로 보수 비용도 줄었으니 완전히 꿩 먹고 알 먹는 결과이지?

## 무지개 도시를 만드는 시민의 힘

보봉 생태 마을의 주민이자 보봉 시민 자치 조합 이사 **알뮤트 슈스터** 씨를 잠깐 만나 볼까? 보봉 시민 자치 조합은 보봉 포럼을 대신해서 만들어진 시민 단체야.

❝ 보봉 마을에는 에너지 플러스 하우스가 있습니다. 단열 효과가 큰 패시브 하우스에 태양 전지를 지붕 위에 얹은 공동 주택이죠. 이 주택의 한 가구당 태양 전지가 1년간 생산하는 전기는 약 7,000kwh입니다. 대개 가정에서 필요한 양이 5,500kwh 정도이니, 에너지가 남아서 에너지 플러스 하우스이지요. 남는 전력은 인근 발전소에 팔아서 월 평균 100유로 정도의 수익을 얻습니다.

또, 보봉 마을에는 개인 주차장이 없습니다. 대신 정원과 공원, 어린이 놀이터, 자전거 주차장이 있죠. 이 마을에 들어와 살려면 개인 주차장을 짓지 않겠다고 약속해야 합니다. 대신 유료 공동 주차장이 있는데, 차 한 대당 주차장 이용료로 3,700유로(한화 약 500만 원)를 내야 해요. 상황이 이렇다 보니 아예 차를 사지 않는 주민들이 많아요.

노면 전차 같은 대중교통을 이용하거나, 자동차를 함께 타거나 빌려 타는 '카 쉐어링'이 활발하게 이루어지고 있지요. 저도 보봉이 어린아이들의 천국이라는 점 때문에 이사를 했고, 이곳에서 아들을 낳고 길렀어요.

보봉은 오랫동안 군대의 병영지로 묶여 있어 생기라곤 찾아볼 수 없는 스산한 마을이었어요. 지금의 보봉으로 새롭게 태어날 수 있었던 것은 주민들의 뜻과 의지가 있었기 때문입니다. 주민들 스스로 생태 마을을 만들자고 결정했고, 주민의 실천으로 생태 마을을 이루었습니다. 차 없는 마을, 자원 순환 마을, 태양광 에너지 주택 마을 등등 이 모두가 주민의 실천이 없다면 불가능했을 거예요. ❞

## 녹색을 키우는 곳, 프라이부르크

독일을 넘어 유럽, 이제는 세계의 환경 수도가 된 프라이부르크는 그야말로 살맛 나는 도시야. 환경 정책과 실천 부문에서 단연 세계 최고로 손꼽히지. 이렇게 프라이부르크가 환경 도시가 될 수 있었던 건 선조들에게 물려받은 것도, 그냥 어쩌다 운 좋게 된 것도 아니야. 시민들이 뜻과 힘을 모아 실천했기에 이룰 수 있는 결과이지. 시와 함께 노력한 시민 의식과 실천이 없었다면 오늘날의 프라이부르크는 없었을 거야.

특히 빛나는 것은 바로 시민들의 의식이야. 오일 쇼크를 겪으면서도 원자력 발전소 건설을 끈질기게 반대할 수 있었던 것도, 자가용 사용의 편리함을 과감히 포기할 수 있었던 것도, 프라이부르크 시민들이 환경을 보호하고 미래를 위해 지키겠다는 확고한 의식이 있었기 때문에 가능한 것이었어. 단순히 원자력 발전소의 건설을 반대하는 것에 그치지 않고 거기서 대안을 찾고 실천하는 모습이야말로, 프라이부르크가 살아 있는 환경 도시가 되는 힘이 되었지.

환경 도시에 사는 것은 결코 편리하지 않아. 불편하고 느리지. 그래서인지 공동 주차장에 개인 자동차 숫자는 조금씩 늘고, 외부에서 개발하자는 압력도 들어오고 있어. 하지만 프라이부르크의 시민들은 환경과 시민이 함께 건강하고 행복해질 수 있는 길을 결코 포기하지 않고 여전히 무지개 도시를 만들기 위해 노력하고 있어. 이런 시민 의식을 가진 프라이부르크의 시민들이야말로 진정한 초록 슈퍼맨이 아닐까?

# ② 초록 슈퍼맨의 두 번째 마인드맵

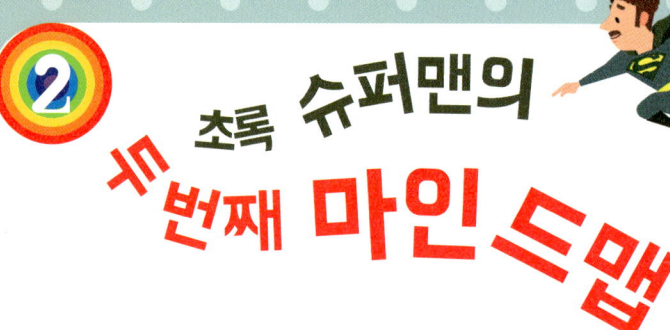

초록 슈퍼맨의 두 번째 마인드맵은 생태 도시를 만들기 위해 우리가 알아야 할 것들이야. 신재생 에너지를 만들어 사용하는 것만으로는 진정한 초록 슈퍼맨이 아닐 거야. 현재 세대와 미래 세대가 계속 지속 가능할 수 있도록 환경에 대한 깊은 고민과 실천이 있어야 하지. 생태 도시를 만들기 위해 고려해야 할 점이 무엇인지 마인드맵을 통해 알아보자.

## 초록 슈퍼맨의 고민

**어떻게 하면 올바른 생태 도시를 만들 수 있을까?**

✻ 생태 도시의 올바른 정의를 내린 뒤, 정의에 맞는 실천을 한다.

### 녹색 GNP란?

환경을 고려한 GNP(국민총생산)을 말한다.

✻ 생산액이 커도 환경 파괴가 심하면, 복구해야 할 비용이 크기 때문에 오히려 손해가 된다.

✻ 따라서 비용이 더 들어도 환경을 파괴하지 않는 생산을 하는 것이 오히려 유리하다.

## 환경 오염이란?

인간의 활동으로 인해 자연 환경이나 생활 환경이 더렵혀지거나 못쓰게 되는 것을 말한다.

* 환경 오염이 심해지면 자연 생태계가 파괴된다.
* 자연의 일부분인 인간 역시 생존이 위험해진다.

## 에너지 정의란?

에너지를 어떻게 사용해야 할까?

* 현재 세대 에너지를 마구 써 버리면 미래 세대가 쓸 자원이 없어진다.
* 따라서 현재 세대와 미래 세대 간에 에너지 자원을 공평하게 배분하여 사용해야 한다.

**생태 도시의 정의를 고민한다.**

## 환경 NGO란?

NGO는 비정부기구의 약자로, 민간 단체나 시민 사회 단체를 뜻한다.

* 시민들이 자발적으로 모인 단체로, 환경 보호를 위한 의견과 정책을 낸다.
* 환경을 파괴하는 정책이나 기업을 감시한다.
* 환경 보호 정치에 의견을 피력한다.

## 외코폴리스란?

생태계 보호와 더불어 인간성 회복을 중요하게 여기는 도시를 말한다.

# 3 재미와 장난이 만든 초록빛 창조 도시 쿠리치바

내가 상상한 대로 도시를 만든다면 어떨까?
도시 전체를 재미난 놀이터처럼 꾸미고
장난기 넘치는 아이디어로 특별한 도시를
만든다면? 실제로 '재미와 장난'으로
만들어진 초록 도시가 있어.
남아메리카에 있는 브라질 남부의 도시
쿠리치바야.

쿠리치바는 브라질의 남부 파라나 주의 중심 도시야. '쿠리치바'라는 말은 이 지역 원주민 말로 '파라나소나무'라는 뜻이야. 도시 이름의 유래가 될 만큼 파라나소나무가 많은 곳이지.

### 쿠리치바, 처음부터 초록은 아니었다!

언젠가부터 '쿠리치바'라는 도시가 유명해지기 시작했어. 미국의 유명한 시사 주간지 〈타임〉은 쿠리치바를 '지구에서 환경적으로 가장 올바르게 사는 도시'로, 〈유에스 뉴스 앤 월드 리포트〉는 '세계에서 가장 현명한 도시'로 손꼽기도 했지. 또, 로마 클럽이 선정한 세계 모범 도시 12개 중 하나이기도 하고, 국제 연합 인간 정주 회의가 인정한 대표적인 도시 발전 사례이기도 해. 이 밖에도 세계의 여러 국제 기구와 연구소에서 쿠리치바의 발전을 인정했지.

 '희망의 도시', '시민을 존경하는 존경의 수도', '웃음의 도시' 같은 찬사가 따라다니는 쿠리치바. 도대체 어떤 도시기에 이렇게 많은 수

식어가 따라다니는 걸까?

사실 알고 보면 쿠리치바는 브라질의 평범한 작은 도시였어. 그러다 파라나 주의 중심 도시가 되면서 유럽 인들이 이주해 오기 시작했단다. 처음에는 유럽의 농민, 노동자, 장인 들이 자리를 잡았고, 그 뒤에는 무역을 하기 위해 아시아와 중동에서 외국인이 몰려들었어. 홍차와 목재, 가축, 커피 산업이 호황을 누리면서 1950년대에 들어서자 외국인만 아니라 같은 나라 안의 브라질 사람까지 이주해 왔지. 이렇게 발전을 거듭한 것은 좋았는데 인구가 너무 갑자기 늘어나면서 여러 가지 부작용이 나타나기 시작했어.

우선 극빈자들이 생기기 시작했어. 홍차와 커피 농사를 지을 때 품팔이를 하던 사람들이 많았는데, 농업 기계가 들어오면서 일자리를 잃고 도시 주변에 무허가 집을 짓고 살기 시작했어.

또, 정부에서 강과 하천을 개발했는데, 인공 수로가 만들어지면서 오히려 홍수가 일어날 때마다 도시가 물에 잠기는 사고가 났지.

그리고 고속도로를 많이 놓았는데, 도로가 늘어나자 사람들이 너도나도 차를 샀어. 차가 크게 늘어나면서 자동차 배기가스로 인한 환경 오염 문제가 심각해졌단다.

정부에서는 자동차가 늘어나니, 도로를 운전하는 사람 위주로 만들기 시작했어. 예를 들어 횡단보도 대신 육교를 만드는 식이었지. 이렇게 걸어다니기가 불편해지자 사람들은 더욱 자동차를 사게 되었고, 그러다 보니 쿠리치바는 늘 만성 교통 체증에 시달리게 되었어. 그리고 이를 해결하기 위해 다시 자동차 도로를 만드는 악순환이 계속되었어. 상황은 점점 나빠지기만 했지.

이런 사실을 보면 쿠리치바가 처음부터 초록 도시, 환경 도시, 희

망의 도시가 아니었다는 사실을 알 수 있지? 환경 도시는커녕 오히려 대표적인 환경 파괴 도시였단다. 그런데 쿠리치바에 도대체 무슨 일이 일어났기에 이토록 심각한 도시 문제를 극복하고 초록빛 창조 도시로 다시 태어났을까?

그 시작은 장난기 넘치는 건축가 출신의 시장으로부터 시작되었어.

## 장난기 넘치는 시장님, 자이메 레르네르

"도시는 살아 있는 거북의 등딱지와도 같습니다. 조각조각 갈라진 부분이 모여 등딱지 전체를 이루듯, 여러 부류의 사람들이 유기적으로 모여 사는 곳이죠. 그런데 등딱지를 마구 잘라 내면 거북은 아프고 죽을 수도 있습니다. 도시 역시 마찬가지입니다. 그런데 잘사는 나라나 못사는 나라나 등딱지를 마구 자르는 짓을 되풀이하고 있어요. 도시를 살리려면 보다 근본적인 해결책이 필요합니다. 삶의 질이 높아지는 도시, 환경적으로 건전하고 지속 가능한 도시를 만들어야 합니다."

이 말을 한 사람은 쿠리치바의 시장직을 세 번이나 지낸 자이메 레르네르야. 그는 건축을 전공하는 학생 때부터 브라질의 마구잡이식 도시 건축을 반대해 왔어. 그는 도시를 살아 있는 거북의 등딱지에 비유하면서, 마구 잘라 내는 것이 능사는 아니라고 주장했지.

레르네르가 이런 주장을 한 데에는 이

유가 있었어. 쿠리치바는 앞서 이야기한 것처럼 자동차가 너무 많이 그리고 빨리 늘어나는 바람에 늘 만성 교통 체증에 시달리고 있었지. 이를 해결할 방법을 고민했는데, 그 결과가 도시의 중심 도로를 폭 60미터의 큰 도로로 확장하는 것이었어. 도로를 넓히면 교통 체증이 해결될 거라고 본 거야.

하지만 길을 한 차선 넓히는 것도 어마어마한 예산이 드는데, 무려 60미터 폭으로 넓히는 데 드는 돈은 더 말할 필요도 없겠지? 게다가 그 노선 안에는 역사적으로 보호해야 할 주택이나 건물도 포함되어 있었어.

만일 이 계획을 실행한다면 마치 거북의 등딱지를 잘라 내는 것처럼 도시를 허물고 다시 지어야 해. 그나마 결과가 성공적이라면 모르지만, 수술이 잘못되면 거북은 어마어마한 수술비를 떠맡은 채 죽어야 할지도 몰라. 그렇다면 병을 치료하는 데 꼭 수술이 효과적이라고 볼 수는 없겠지?

레르네르 시장은 이처럼 돈이 많이 드는 수술보다는 천천히 상처를 돌봐서 낫게 만드는 방법을 주장했어. 우선 교통 문제를 시작으로 쓰레기 문제, 저소득층 문제, 물 문제, 녹지 문제, 복지 문제 등을 차례차례 해결하자는 주장을 했지. 과연 이런 문제들을 어떻게 풀어 나갔을까?

### 3중 도로 시스템과 자전거가 만성 교통 체증을 해결하다!

만성 교통 체증을 해결하기 위해 쿠리치바 도시 계획 연구소의 전문가들은 다음과 같은 해결책을 내놓았어. 바로 '3중 도로 시스템'이지. 3중 도로 시스템이 무엇인지 간단하게 살펴볼까?

> 첫째, 도시 안을 가로지르는 간선 도로 다섯 개를 정비한다.
> 둘째, 간선 도로의 1차선은 급행 버스만 다닐 수 있게 하고, 2차선에는 버스 정거장, 3, 4차선에는 일반 승용차과 트럭 등이 다니게 한다.
> 셋째, 간선 도로에서 한 구역 떨어진 곳의 일반 도로를 일방통행 도로로 지정한다.

어때, 생각보다 간단한 아이디어이지? 그런데 이 간단한 아이디어가 많은 변화를 낳았단다. 우선 간선 도로의 1차선을 버스 전용 차선으로 정하면서, 버스의 속도가 빨라졌어. 시내에서 무려 시속 100킬로미터로 달릴 수 있게 되었지. 또 1, 2차선이 버스와 버스 정거장이 되면서 3, 4차선은 상대적으로 붐비게 되었지. 버스 차선이 훨씬 빠르다 보니, 사람들은 자가용을 끌고 나오기보다는 버스를 타기 시작했어. 자가용 숫자가 줄게 되면서 3, 4차선도 예전보다는 원활한 속도를 낼 수 있게 되었단다.

그리고 간선 도로에서 한 구역 떨어진 곳에 일방통행 도로를 만들어서 일반 버스와 트럭, 승용차 등이 지나도록 했지. 넓은 길을 일방통행 도로로 만든 덕분에 많은 차들을 소화할 수 있게 되었어.

그리고 도시 계획을 세워서 커다란 고층 빌딩이나 사무실은 간선 도로 주변에 집중적으로 세우게 만들었어. 사람들은 버스를 타고

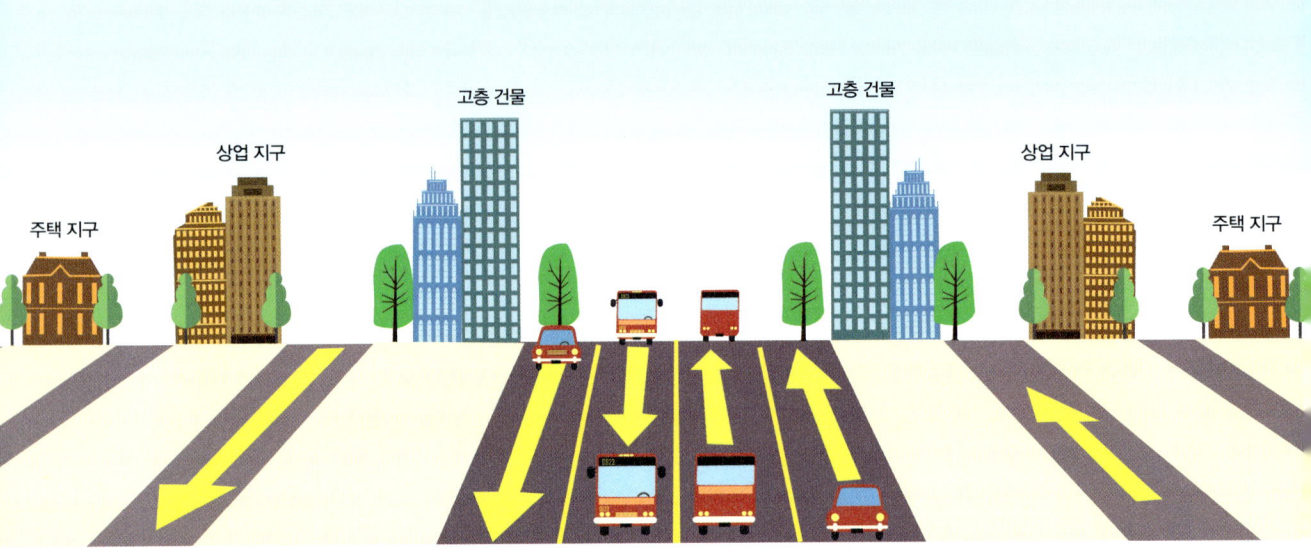

○ 사람을 많이 실어 나르는 간선 도로 옆으로 고층 건물을 세우고, 외곽으로 나갈수록 상업 지구와 일반 주택 지구가 배치되면서, 교통의 효율성이 더욱 좋아지게 되었어.

와서 도시 중심에 내리면, 바로 일터인 고층 빌딩 속으로 쏙 들어갈 수 있게 말이야.

그리고 한 구역 떨어진 일방통행 도로 양쪽으로는 상점들이 들어서게 하고, 가장 바깥쪽은 주택 지구로 개발했어. 그래서 사람들이 물건을 사러 도시 중심부까지 나오지 않아도 되도록 만들었지.

이렇게 도로를 따라 계획적으로 건물을 세우면서 교통 정체가 해결되었고, 교통 소음도 줄어들었어. 주택 지구나 학교 근처에서는 속도를 제한하고, 특정 지역에서는 자동차의 통행을 막는 것도 가능해졌지.

○ 하늘에서 내려다본 쿠리치바의 모습이야. 간선 도로를 따라 고층 건물이 늘어선 것이 보이지?

어때, 차도를 60미터로 늘리는 대신, 기존의 도로를 현명하게 재활용한 지혜와 그 효과가 놀랍지 않니?

그리고 쿠리치바의 도로가 혈관이라면, 자동차는 혈액이라고 할 수 있겠지? 쿠리치바는 도로를 정비하는 한편, 버스라는 혈액이 잘 흐를 수 있는 방법도 고민했어.

우선 환승 터미널을 만들었어. 각종 버스들이 서는 터미널을 만들고 사람들이 자유롭게 환승을 하도록 했지. 그리고 버스의 종류에 따라 색깔을 다르게 칠했어. 어떻게 나누었는지 한번 살펴볼까?

만약 한 사람이 도시 외곽에서 도심으로 들어가려면, 노란색 버스를 타고 환승 터미널에서 빨간색 버스나 은색 버스로 갈아타는 거야. 환승 터미널도 아주 신경 써서 만들어서, 버스를 갈아타기 위해 30미터 이상 걷지 않도록 설계했다고 해.

○ 쿠리치바의 버스 정류장이야. 버스 정류장에 들어가면서 요금을 내도록 되어 있지.

또, 길 위의 페트병을 보고 아이디어를 얻어 만들었다는 버스 정류장은 쿠리치바의 명물이기도 해. 우리나라에서는 버스를 탈 때 버스를 탄 뒤 교통 카드를 단말기에 대서 요금을 내지만, 이곳에서는 버스 정류장에서 미리 요금을 내. 그래서 빨리 타고 빨리 내릴 수가 있지. 사람이 빨리 타고 내리니까, 버스가 정류장에 서 있는 시간도 줄어서 대기 오염과 에너지 소비도 줄었다지 뭐야. 버스는 보통 1분 간격으로 도착하고, 빠르면 40초 만에 오기도 한대.

그리고 쿠리치바의 버스는 1979년에 '사회적 요금 제도'라는 것

◐ 1992년에 도입된 이중 굴절 버스야. 지하철처럼 많은 사람들을 한꺼번에 운송할 수 있단다.

을 도입했어. 버스 요금을 한 번만 내면 터미널을 벗어나지 않는 한, 환승을 몇 번이고 자유롭게 할 수 있어. 버스 요금도 브라질 물가에 비해 비교적 저렴한 편이야.

이렇게 버스를 타고 내리기 편하고, 이동 속도도 빠르고, 요금도 저렴해지자 사람들이 자연스럽게 버스를 많이 이용하게 되었어. 그리고 그만큼 자가용의 사용량 또한 줄게 되었지. 오늘날 쿠리치바에서 버스가 전체 교통량에서 차지하는 비율은 30퍼센트나 된단다.

또 쿠리치바는 자전거 도로도 늘렸어. 1977년부터 만들기 시작한 자전거 도로가 지금은 무려 100킬로미터에 달한단다. 이때 자전거 도로도 목적에 맞게 만들었어. 회사에 출근하거나 학교에 등하교를 위한 도로와 스포츠를 즐기는 사람을 위한 도로로 나누어서 만든 거야. 출퇴근이나 등하교를 하는 자전거를 위해서는 직선으로 뻗은 평평한 자전거 도로를 만들었어. 그래서 직장이나 학교, 도심이나 시외를 힘들이지 않고 달릴 수 있지. 한편, 스포츠를 원하는 자전거를 위해서는 완만한 경사를 가진 작은 도로들을 쿠리치바의 공원들로 연결했어. 그래서 자전거를 즐기는 것만으로도 충분히 운동이 되도록 만들었단다.

2000년대에 들어서서 70킬로미터에 달하는 자전거 도로를 새로 만들면서, 그중 33킬로미터를 쿠리치바 공업 단지 안에 만들었어. 그러자 공장에서 일하는 사람들이 자전거를 타기 시작했지. 그리고 자전거 도로를 만들 때 그냥 자전거 도로만 늘린 것이 아니라 자전거가 달리기에 편하고 안전하도록, 도로를 포장하고 경사도나 배수, 조명, 안전 장치를 세심하게 설치했어. 또, 도로 주변으로 자전거 수리소와 자전거 주차장을 배치해서 자전거 이용자들이 편리하게 이용할 수 있도록 했고. 이렇듯 자전거의 편의성을 높인 결과, 쿠리치바는 브라질에서 가장 규모가 크고 체계적인 자전거 도로망을 갖춘 도시가 되었단다. 이렇게 교통 체계를 손본 것만으로도 쿠리치바는 교통 체증에서 빠져나올 수 있게 되었지.

　보통 도시를 개발하는 사람들은 빠르고 쉬지 않고 운행하는 지하철로 교통 체증을 해결하려는 경향이 있어. 하지만 지하를 파서 선로를 설치하고 운영하는 데는 오랜 시간과 엄청난 돈이 필요해. 그런데 쿠리치바는 지하철을 놓는 대신, 도로를 정비하고 새로운 교통 체계를 만들면서 막대한 건설비를 아낄 수 있었어. 쿠리치바가 교통 체계를 새로 마련하는 데 든 비용은 지하철 건설 비용의 80분의 1에서 100분의 1 수준이야. 비용을 아끼면서도 만성 교통 체증을 멋지게 해결한 것이지.

## 보행자 천국, '꽃의 거리'로 오세요!

쿠리치바는 버스와 자전거가 대접받는 도시야. 하지만 그보다 더 대접받는 건 바로 스스로 걷는 보행자들이야. 쿠리치바에는 세계적인 규모의 보행자 천국이 있어. 보행자 외에는 어떤 교통수단의 출입도 허용되지 않는, 오로지 보행자만을 위한 공간이지. 지금은 '꽃의 거리'라 불리며 세계적으로 유명한 곳이 되었지만, 본래는 '저주받은 입'이라 불리는 시민들의 집회 장소였단다.

당시 브라질은 개발에 열중해서 여기저기에 자동차 도로를 놓고 있었어. 그런데 쿠리치바에서는 반대로 쿠리치바 시내 중심부 근처에 보행자 우선 도로를 만들려고 했지. 이런 계획에 대해 많은 사람들이 반대했어. 특히 보행자 도로로 만들려고 하는 곳 근처에 가게를 가진 상인들의 반대 목소리가 컸어.

"자동차로 편하게 와도 사람들이 올까 말까한데, 걸어서 오라면 누가 오겠어? 나는 반대야!"

그러나 레르네르 시장은 과감하게 계획을 실행으로 옮겼어. 상점이 문을 닫는 금요일 오후 6시에 공사를 시작해서 주말 동안 초고속으로 보행자 거리를 완성한 거야.

이 사실을 알게 된 상인과 자동차 클럽 회원 들은 무척 화가 났지. 당장 반대 시위를 하려고 사람들이 모였어. 이때, 레르네르는 꾀를 내서, 보행자 공간에 기다란 종이를 깔아 놓게 했어. 성난 상인과 자동차 클럽 회원 들이 보행자 공간에 몰려왔을 때, 이미 그곳에는 어린이들이 자리를 잡고 그림을 그리고 있었지. 아이들이 천진난만하게 그림을 그리는 모습을 본 상인과 자동차 클럽 회원 들은 차마 더 이상 반대할 수가 없었어.

결국 보행자 도로가 정착되고 말았지. 상인들은 수입이 줄어들 거라며 시장을 원망했어. 하지만 천만의 말씀! 그 뒤로 놀라운 일

이 벌어졌단다!

레르네르는 '꽃의 거리'라는 이름에 걸맞게 거리를 나무와 화분으로 예쁘게 꾸몄지. 거리 한쪽 끝에 낡은 전차를 가져다 놓고, 장난감이 있는 탁아소로 만들었어. 부모들이 쇼핑을 즐길 동안 아이들은 이곳에서 장난감을 갖고 놀 수 있게 만든 거야. 그리고 쿠리치바 문화 재단의 지원을 받는 시민 단체가 토요일마다 거리 미술제를 개최하는 등 많은 문화 행사를 열었어.

그러자 시민들은 이 보행자 도로를 열렬히 사랑하기 시작했어.

"도심 한가운데에서 아이들의 손을 잡고 산책할 수가 있네?"

"거리 곳곳에서 다양한 문화 행사가 열려서 보고 즐길 것들이 많아. 구경하러 가고 싶어!"

시민들은 가족의 손을 잡고 나와서 도심 한가운데 거리를 산책하고 주변에서 열리는 문화 행사를 즐겼어. 이렇게 사람들이 많이 몰리게 되자, 이 근처의 상점들에도 사람들이 들르기 시작했지. 자동차가 있어야 가게에 올 거라고 생각했는데, 반대로 자동차가 없어지면서 더 많은 사람들이 몰려오기 시작한 거야.

오늘날, 꽃의 거리는 유명한 관광지가 되었고, 국내 사람들뿐만 아니라 외국인들도 몰려와서 차 없는 거리의 독특한 문화를 즐기기 시작했단다.

요즘에는 꽃의 거리 주변까지 '보행자를 위한 최우선 지역'으로 지정해서 관리하고 있어. 이 구역은 자동차가 특별한 경우를 제외하고는 들어올 수 없게 하고, 주차도 못하도록 했단다. 은행이나 보험 회사 같은 금융 기관은 건물의 1층에 자리할 수 없고, 5층 이상의 건물은 바람직한 목적의 공적 건물이 아니면 지을 수 없게 했지.

또, 꽃의 거리뿐만 아니라 쿠리치바 전체를 걷는 사람을 위한 도시로 조금씩 바꾸었어. 걷기 좋도록 보도를 넓히고 건물 뒤편에는 경치를 아름답게 꾸며서 사람들이 쾌적하게 걸을 수 있도록 했어. 걷는 데 불편하게 만들었던 육교와 지하도 역시 차차 없애서, 지금

○ 차가 없어지면서 오히려 꽃의 거리는 쿠리치바의 명물 거리가 되었어.

은 옛날 도시 중심부에 역사적으로 보존해야 할 곳 한 군데를 제외하면 육교와 지하도를 전혀 찾아볼 수 없게 되었단다.

## 시민을 위한 그늘, 신선한 물을 만들어요!

쿠리치바는 주변 환경을 위해 녹지를 늘리는 데도 신경을 썼어. 쿠리치바는 1971년까지만 해도 시민 1인당 녹지 비율이 0.5제곱미터에 불과한 도시였어. 이 말은 건물과 도로는 잔뜩 있지만, 공원을 비롯한 녹지는 형편없이 적다는 뜻이야. 인구가 늘어나면서 땅이 부족해지자 녹지에 건물을 마구 지어 올린 것이지. 그런데 이렇게 건물만 짓다 보니, 홍수 피해가 늘어나게 되었어.

녹지가 줄어들면 왜 홍수가 일어나냐고? 본래 쿠리치바는 파라나 주의 젖줄인 이구아수 강과 아투바, 벨렝 같은 여러 하천이 있는 곳이야. 그리고 많은 습지와 녹지가 있어서 자연적으로 가뭄과 홍수가 조절되는 곳이었지. 그런데 도시가 커지면서 인공 배수지를 만들고 강과 하천을 정비하면서 오히려 문제가 나타나기 시작했어. 비가 많이 내릴 때는 녹지의 나무들이 물을 흡수하고 작은 강들이 물을 분산시켜서 수량을 조절해 주었는데, 녹지가 줄고 작은 강들이 없어지면서 엄청나게 불어난 물이 하수구로 집중되었어. 그런데 인공 수로만으로는 불어난 물을 감당하지 못했기 때문에 하수구에서 물이 역류해 홍수가 일어나는 거야. 이런 일을 막으려면 더 큰 하수구를 설치해야 하는데, 그러려면 어마어마한 돈이 필요했어. 레르네르 시장은 적은 돈으로 홍수를 막을 방법은 녹지를 늘리고 하천을 살리는 것이라고 생각했지. 그래서 레르네르 시장은 시민들에게 이렇게 제안했어.

"우리 모두를 위해 각자 스스로 '그랄라아줄'이 됩시다."

◐ 파라나소나무를 널리 퍼지게 하는 데 일등 공신인 그랄라아줄 새야.

그랄라아줄이 뭐냐고? 브라질 남부에 사는 까마귓과의 새야. 이 새는 여름에 소나무 열매를 땅에 묻어 두고 겨울에 파서 먹는 습성이 있어. 하지만 묻어 둔 열매를 다 찾지 못하는 바람에, 여기저기에 파라나소나무가 많이 자란다고 해.

레르네르 시장은 그랄라아줄처럼 쿠리치바 전 지역에 나무를 6만 그루 심어서 그늘을 만들고 시민들이 그곳에서 깨끗한 물을 얻게 하자고 생각한 거야. 이를 '그늘과 신선한 물' 프로젝트라고 해.

그래서 1975년 당시 남아 있던 자연의 강과 하천을 법으로 엄격히 보호하고, 하천 유역은 특별 관리하기로 했어. 또, 강을 따라 자리한 토지를 사들여서 저지대 사람들이 홍수 피해를 당하지 않도록 했지. 토지 이용에 관한 법도 만들어서, 건물이 들어서지 않는 땅은 공원으로 만들었고, 이구아수 강과 그 지류의 홍수 위험 지역에는 도로와 건물을 짓지 못하도록 했어. 그 결과, 강을 따라 수많은 공원들이 만들어지면서 쿠리치바는 세계적인 생태 도시로 탈바꿈하게 되었단다.

하천 보호 지역과 홍수 위험 지역이 공원으로 바뀌었고, 그 자리에는 주민들을 위한 스포츠와 레저 시설이 들어섰지. 이구아수 공원, 바리귀 공원, 사웅 로렌소 공원 등이 대표적인 생태 공원들이야. 또, 버려진 채탄광을 공원으로 복원한 탕구아 공원, 숲의 원형을 그대로 살리면서 문화적 색채를 덧입힌 독일 공원 등도 쿠리치바 시민들이 자랑하는 공원이란다.

한편 쿠리치바는 열심히 나무를 심었어. 쿠리치바 중심 지역 바깥에 있는 모든 건물은 간선 도로로부터 5미터씩 물러나 짓게 하고, 그 사이에 나무를 심었어. 새로 집을 지을 때는 토지의 절반만 집을 짓고 나머지는 정원으로 만들게 했지. 또, 전체 도로망의 50퍼센트에 가로수 20만 그루를 비롯해 엄청난 양의 나무를 심었어.

심기만 한 것이 아니라 보존에도 신경을 써서, 허가 없이 나무를 자르면 많은 벌금을 물거나 그 자리에 두 배의 나무를 심도록 했단다. 모든 나무를 등록해서 관리했고, 개인이 소유한 숲도 잘 보존하면 세금을 깎아 주는 제도도 만들었지.

◐ 쿠리치바의 식물원. 프랑스 정원식으로 다듬은 공원으로 쿠리치바의 자랑거리란다.

그 결과, 쿠리치바는 불과 30여 년 만에 국립 공원 28곳을 갖추게 되었고, 0.5제곱미터였던 1인당 녹지 비율은 자그마치 100배나 증가했어. 이는 국제 연합과 세계 보건 기구가 권고한 수치의 4배에 달하는 것으로, 서유럽 선진국에서도 찾아보기 힘든 풍요로운 녹지 공간이란다.

레르네르 시장의 정책은 이번에도 성공했지. 쿠리치바는 초록색 옷을 덧입은 녹색 도시로 탈바꿈했고, 주변 환경은 매우 쾌적해졌어. 참, 부러운 일이야.

## 쓰레기 문제를 지혜롭게 해결한 초록 도시

예전에는 물자가 귀했지만, 이제는 물자가 흔하다 보니 일회용품도 많아지고 물건들을 잘 버리게 되었어. 그러면서 쓰레기의 양이 무척 많이 불어났지. 쓰레기는 환경을 열악하게 만들고 땅과 물을 오염시켜. 오늘날에는 기하급수적으로 불어난 쓰레기를 얼마나 잘 처리하느냐가 환경 보호의 척도가 될 지경이야.

쿠리치바는 이 쓰레기 문제에도 정말 슬기롭게 대처했단다. 쿠리치바는 다음과 같은 쓰레기 정책을 만들었어.

첫째, 쓰레기를 재활용한다.
둘째, 쓰레기를 산다.

쓰레기를 재활용한다는 건 너희들도 잘 알 거야. 우리나라에서도 종이, 플라스틱, 일반 쓰레기를 재활용하기 위해서 분리수거를 하잖아? 쿠리치바에서도 바로 쓰레기의 재활용에 주목했어. 우선 쓰레기 재활용의 중요성을 일깨우기 위해 도로를 따라 '종이 50킬로그램이 나무 한 그루와 같다.'는 글귀가 들어간 벽보를 붙였어. 또, '나뭇잎 가족'이란 캠페인도 벌였지. 시장, 공무원, 주민 할 것 없이 나뭇잎 옷을 입고 환경을 주제로 한 노래와 춤, 연극 등을 펼치는 행사였어.

이렇게 쓰레기 재활용에 대한 관심을 높이는 한편, 재활용품을 수거하는 녹색 트럭을 만들었어. 이 녹색 트럭은 쿠리치바의 각 지역을 돌아다니며 재활용할 쓰레기를 수거했지. 수거된 재활용품은 재활용 공장에 모이고, 단결 농장이라는 곳에서 분류되었어.

재활용 공장에는 '쓰레기 아닌 쓰레기 박물관'과 '작은 학교'라는 시설이 있어. 박물관은 쿠리치바 시민들이 버린 쓰레기 더미에서 쿠리치바의 역사를 엿볼 수 있는 사진과 그림 등을 골라 전시하는 곳이고, '작은 학교'는 쓰레기가 어떻게 재활용되는지를 직접 보여 주고 알리는 곳이야. 이곳에 견학 온 아이들은 쓰레기가 또 하나의 자원이 될 수 있다는 걸 직접 보고 느낄 수 있어.

쿠리치바의 특별한 쓰레기 정책 두 번째는 '쓰레기 구매'야. 세상에, 쓰레기를 돈을 주고 사다니, 이게 무슨 말인가 싶지?

이 정책은 1989년 파벨라라는 빈민 지역에 렙토스피라증이 창궐하면서 만들어졌어. 렙토스피라증은 개, 돼지, 말, 들쥐를 통해 사람에게 전염되는 병인데, 유독 파벨라 지역에서 이 병을 얻은 사람이 많았어. 조사를 해 보니, 함부로 버린 쓰레기 더미에 파리와 쥐가 꼬이면서 병이 퍼지고 있었어. 빈민들이 사는 곳은 하천 주변 지역이라 쓰레기 수거 차량이 들어가기가 어려웠고, 그래서 쓰레기가 산처럼 쌓여 있었거든.

그래서 시에서는 꾀를 내었어. 주민들에게는 쓰레기를 가져오면 5킬로그램당 식품 1봉지를 나누어 주겠다고 한 거야. 처음에는 버스표를 주었지만 곧 쌀, 콩, 감자, 양파, 오렌지, 마늘, 계란, 바나나 같은 음식이 든 봉지로 바뀌었어. 이 음식들은 시청이 주변 농가에서 남아도는 농산물을 싼값에 사들인 것인데, 이는 돈이 없어 신선하고 영양가 있는 음식을 먹지 못하는 빈민들에게 아주 좋은 식재료가 되었단다. 사람들은 집 앞에 쌓인 쓰레기는 물론이고, 동네에 쌓인 쓰레기까지 갖고 와서 음식과 맞바꾸었어. 덕분에 동네는 깨끗해지고, 빈민가 사람들은 좋은 식재료를 먹고 건강해졌지.

이 밖에도 쿠리치바는 '녹색 교환' 프로그램과 '어린이를 위한 쓰레기 교환'도 시작했어. 녹색 교환은 재활용 쓰레기를 음식으로 바꿔 주는 것이고, 어린이를 위한 쓰레기 교환은 아이들이 재활용 쓰레기를 가져오면 학교에서 쓰는 교재나 초콜릿, 케이크 등과 교환해 주는 프로그램이야.

이런 다양한 쓰레기 관련 정책을 실제로 실행해 본 시민들은 쓰레기는 무작정 버려야 하는 것이 아니라 식품과 학용품으로 교환할 수 있는 소중한 자원이란 걸 피부로 느낄 수 있었지. 이제 쿠리치바 시민들에게 쓰레기 재활용은 일상으로 자리 잡았어.

## 빈민촌에 '지혜의 등대'를 밝히다!

쿠리치바는 시민들의 소소한 복지 제도도 개선해서 큰 효과를 보고 있어. 그중 하나가 바로 '지혜의 등대'인데, 이는 빈민촌에 자리한 도서관을 가리키는 이름이야.

어느 사회에나 가난한 빈민층 사람들이 있기 마련이야. 이들은 대부분 배움의 기회를 갖지 못한 사람들이야. 여러 가지 이유로 공부를 제대로 마치지 못하다 보니, 제대로 된 직장을 가질 수 없고 그래서 가난할 수밖에 없지. 가난은 삶을 매우 힘들게 해. 그래서 어려운 삶을 잊기 위해 술을 마시거나 폭력 사건을 일으켜서 다른 사람들에게 피해를 주기도 하지.

쿠리치바에서는 이런 문제를 해결하기 위한 첫걸음으로 이 지혜의 등대를 세웠어. 이 등대의 정체는 작은 도서관이야. 1층에는 책을 빌려주는 서고가 있고, 2층에는 열람실과 컴퓨터실이, 3층에는 밤에만 근무하는 경찰관이 머무르지. 지역 곳곳의 시립 초등학교 근처에 세워진 이 등대에는 5,000권에서 8,000여 권의 책이 소장되어 있고, 지역 주민이라면 누구나 이용할 수 있어.

어떻게 보면 작고 평범한 도서관이 생긴 것처럼 보이지만, 지혜의 도서관은 도서관 이상의 역할을 하기 시작했단다. 배움에 목마르던 빈민촌의 주민과 학생 들에게 희망을 싹 틔워 주었거든.

사실 도시 외곽에 사는 빈민촌의 주민들은 시내에 있는 공공 도서관을 이용하기가 어려워. 그런데 지역 곳곳에 지혜의 등대가 생긴 덕분에 누구나 쉽게 도서관을 이용할 수 있게 되었지. 이곳에서 주민들은 책을 빌리고 인터넷으로 정보를 조사하고 문화 생활도 즐기게 되었어.

도서관은 대개 번화가나 대학에 세워지곤 해. 하지만 지혜의 등대라는 이 소박한 도서관은 빈민 지역에 새로운 환경을 만들어 지식을 퍼뜨리고 지역을 새롭게 하는 역할을 하고 있어. 작지만 큰 역할을 하는 멋진 도서관이이 나타난 거야.

○ 고대 이집트의 알렉산드리아에는 고대 세계의 7대 불가사의로 불리는 '파로스의 등대'와 기원전 3세기에 세워진 '뮤제이온'이라는 도서관이 있었어. 뮤제이온은 지금의 박물관과 도서관의 모태이기도 하지. 이 파로스의 등대와 뮤제이온 도서관에서 아이디어를 얻어 '지혜의 도서관'이 탄생했단다.

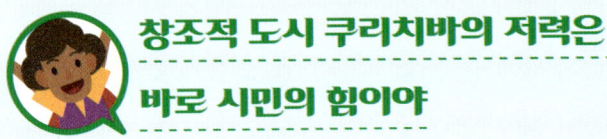
## 창조적 도시 쿠리치바의 저력은 바로 시민의 힘이야

어때, 쿠리치바의 창조적 변화가 참 멋지지? 사실 여기까지 책을 읽은 친구들은 조금 고개를 갸우뚱할지도 모르겠다. 앞서 나온 윤데나 프라이부르크에 비해 쿠리치바는 시민의 힘이 모여 만든 모습이 아니라고 생각할 수도 있을 것 같아. 사실 쿠리치바는 자이메 레르네르라는 혁신적이고 기발한 아이디어를 가진 시장이 있었기에 변화를 시작할 수 있었어. 그런 면에서 보면 쿠리치바는 온전히 시민의 힘으로 이룬 무지개 도시가 아닌 것 같아.

하지만 정말 그럴까? 잊지 말아야 할 것은 레르네르 시장도 태어나면서부터 시장은 아니라는 점이야. 그도 시민의 한 사람이었고, 그를 도와 쿠리치바의 변화된 모습을 만들어 낸 사람들도 모두 시민들이었다는 말이지. 시민들이 적극적으로 참여하고 지지하지 않았다면, 과연 오늘날의 쿠리치바가 탄생할 수 있었을까?

쿠리치바의 시장 레르네르도 이렇게 말했어.

"쿠리치바 시는 천국이 아닙니다. 다른 도시들이 가지고 있던 문제들을 똑같이 가지고 있었지요. 다만 차이가 있다면, 시민들을 존경한다는 점입니다."

이 말처럼 쿠리치바는 시민들 개개인 하나하나를 소중하게 여겼어. 쿠리치바가 '꿈의 도시'라는 찬사를 받을 수 있었던 것은 기적 때문도 아니고, 막대한 돈이 투자된 결과 때문도 아니야. 바로 도시에 사는 시민들의 인식과 헌신적인 참여가 있었고, 그런 시민들의 뜻을 존중하는 시장이 있었기에 가능했던 것이지.

창조적 도시 쿠리치바의 저력은 바로 시민이야.

# ③ 초록 슈퍼맨의 세 번째 마인드맵

### 도시화
도시의 삶의 형태가 도시 이외의 지역으로 발전하는 것을 말한다.
* 도시화가 이루어지면 많은 인구가 도시로 몰린다.
* 인구가 밀집된 도시는 많은 에너지를 소모한다.

### 개발이란?
토지나 자연을 사람의 필요에 따라 더 나은 상태로 바꾸는 것을 말한다.
* 하지만 무분별한 개발로 인한 급속한 산업화와 도시화로 인해 자연이 황폐해지기도 한다.

### 산업화
생산 부문이 농업과 어업 등에서 광업과 공업 등으로 바뀌어 가는 것을 말한다.
* 공장이 들어서 기계를 사용하면서 많은 에너지를 소모하고 오염 물질을 내놓는다.

### 에너지 소비에 대해 안다!

### 탄소 발자국이란?
사람의 활동이나 생산 과정에서 만들어 내는 이산화탄소의 양을 말한다.
* 탄소 발자국이 크면 클수록 지구의 환경이 나빠진다.
* 각 상품에 탄소 발자국의 양을 기입하여 환경 보호의 일환으로 삼기도 한다.

### 탄소 배출권이란?
한 나라에서 정해진 양만큼만 탄소를 배출하게 하는 것을 말한다.
* 정해진 양만큼만 탄소를 배출해야 하기 때문에 제한된 양보다 더 많이 배출하려면 배출권을 사거나 배출하는 양만큼 숲을 조성해야 한다.

# ★ 초록 슈퍼맨의 고민 ★

초록 슈퍼맨의 세 번째 마인드맵은 에너지 사용 방법이야. 자연을 개발하면서 도시화와 산업화를 이루었지만, 무분별한 개발이 삶의 질을 오히려 떨어뜨리는 결과를 가져왔지. 무분별한 개발에 대응하는 방법이 무엇인지 마인드맵을 통해 알아보자.

## 어떻게 하면 무차별 개발 문제를 해결할 수 있을까?

사람의 필요에 따라 개발하는 것이므로, 우리가 얼마나 에너지를 소비하고 있는지, 자연을 그대로 보존하는 방법이 무엇인지 안다.

### 자연 그대로 보존한다!

### 내셔널트러스트 운동이란?

무분별한 개발로부터 자연과 환경을 지키기 위해 시민들이 자발적으로 나서는 운동을 말한다.

* 1895년 영국에서 시작된 운동으로, 아름다운 자연이나 문화 유산이 풍부한 지역을 지키기 위해 시민들이 자발적으로 땅을 사들여 영구적으로 보존하는 문화 환경 운동이다.

### 적정 기술이란?

거액의 자본으로 대량 생산을 하는 거대 기술과 달리, 현지의 재료와 적은 자본, 비교적 간단한 기술을 이용해 해당 지역 사람들이 생산 활동에 참여하는 기술을 말한다.

* 경제적으로 낙후된 지역에서는 깨끗한 물이나 에너지 효율이 좋은 보일러 등을 구입하기 어렵다.
* 따라서 적정 기술을 적용한 저렴한 정수 빨대, 수동식 물 펌프, 에너지 효율이 좋은 보일러 등을 만들어 제공한다.

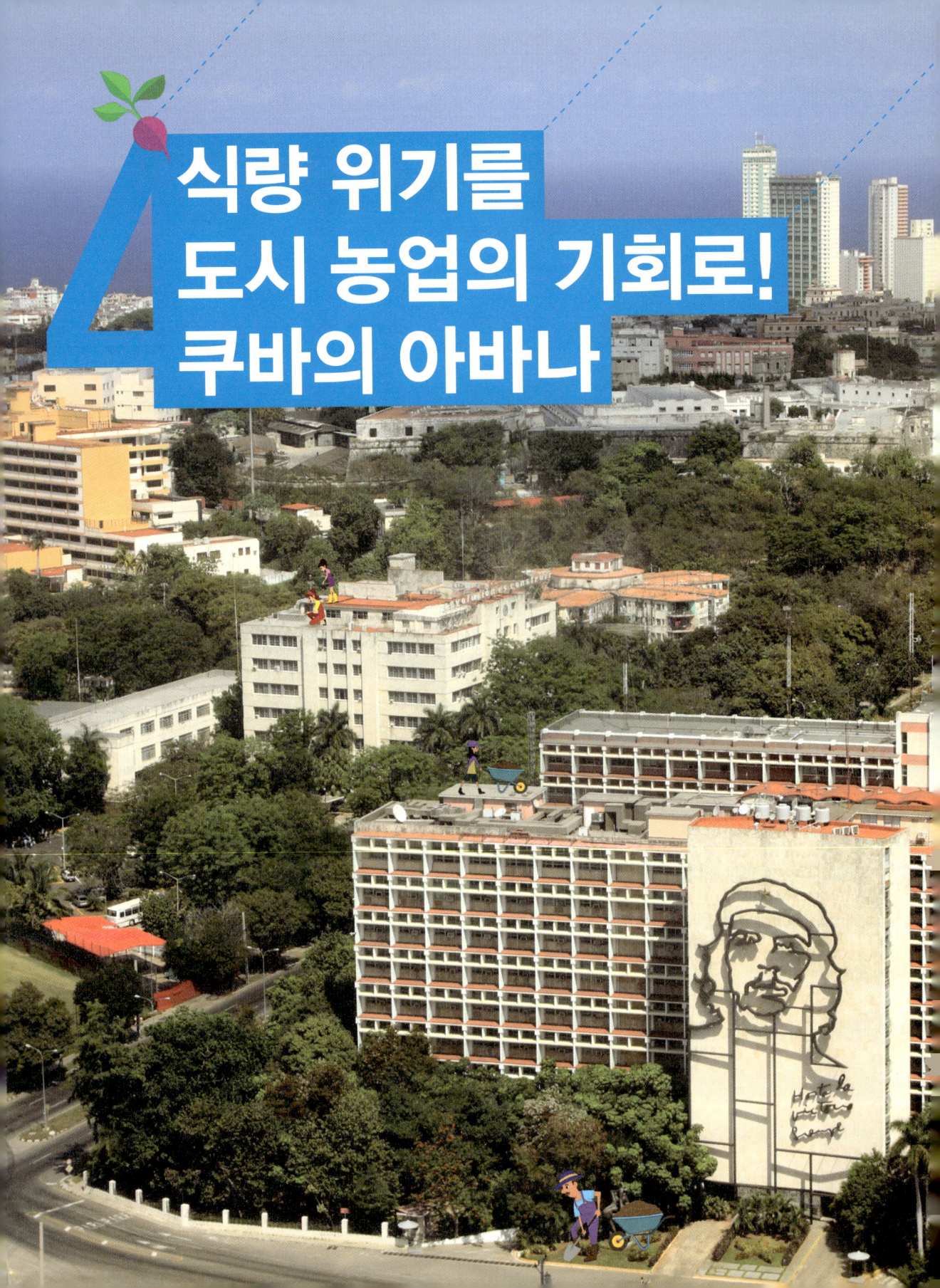

# 4 식량 위기를 도시 농업의 기회로! 쿠바의 아바나

아파트 사이사이에, 길가 자투리땅에,
도심 건물 옥상에 텃밭을 가꾸어 채소를
기른다면 어떨까? 아침마다 현관 앞에서
상추와 고추를 따고, 퇴근길에 회사 옥상에서
채소 한 움큼을 거둔다면?
쿠바의 수도 아바나에서는 이미 그런 삶이
펼쳐지고 있어. 어엿한 도시 농업의 메카로
자리 잡은 중앙아메리카의 섬나라 쿠바로
함께 가 보자.

아바나는 쿠바의 수도야.
쿠바가 에스파냐의 식민지가 된
이래, 쿠바의 수도 노릇을 해 왔지.
아름다운 건축물들이 많은
항구 도시로, 쿠바 최대의
무역 항구 도시이기도 해.

### 파란만장한 운명의 섬나라
### 쿠바

쿠바가 유럽에 알려진 것은 이탈리아의 탐험가 콜럼버스가 신대륙을 찾아 여행하면서부터였어. 콜럼버스는 너희들도 알다시피 육로 대신 바닷길로 인도에 가겠다며 범선 세 척을 끌고 에스파냐를 떠나 대서양을 건너지. 여러 섬과 아메리카 대륙에 닿게 되고, 유럽으로 돌아가 새로운 땅을 발견했다고 알리지. 그러자 유럽에서는 발달된 무기를 가진 군대를 이끌고 와서 새롭게 알게 된 땅을 정복하고 식민지로 다스렸단다.

쿠바도 그런 식으로 에스파냐의 식민지가 되어서 무려 500년 가까이 에스파냐의 지배를 받았어. 그러다 1898년에 미국과 에스파

○ 우리나라와 일본처럼, 쿠바는 미국과 가까운곳에 위치한 나라야.

냐가 전쟁을 벌이는데, 이때 미국이 승리하면서 쿠바 섬도 에스파냐의 식민지에서 벗어나게 돼. 그런데 지도를 보면 알겠지만, 미국과 쿠바 섬은 정말 가까운 위치에 있어. 쿠바에서 배를 타고 서너 시간이면, 미국 플로리다 주의 해변에 닿을 수 있지. 그러다 보니 미국 입장에서는 쿠바를 자기편으로 끌어들일 필요가 있었어. 그래서 쿠바가 독립할 때, 미국이 적극적으로 지원한 정부가 들어서도록 만들었지. 겉으로 보기에만 독립을 했을 뿐, 쿠바는 미국의 식민지나 다름이 없었어.

그런데 미국의 지원을 받았던 당시 쿠바 정부는 매우 무능한 독

○ 쿠바 혁명의 주역들이야. 제일 왼쪽이 피델 카스트로, 가운데가 혁명가로 유명한 체 게바라란다. 이후 카스트로는 2008년까지 정권을 잡았고, 지금도 쿠바의 정치에 영향을 주고 있어.

재 정권이었어. 부패가 만연했고 빈부의 격차가 커서 제대로 교육을 받지 못하는 사람들도 많았지. 사람들의 불만은 커져만 갔어.

이런 독재 정권에 대항한 사람이 피델 카스트로야. 그는 두 차례 무장 혁명을 일으켜서, 1959년 쿠바의 정권을 잡고 쿠바를 사회주의 국가로 선포하지. 그런데 문제는 바로 이때부터 시작되었어.

제2차 세계 대전이 끝난 뒤, 세계는 자본주의 체제와 사회주의 체제 진영으로 나뉘게 돼. 미국과 영국을 중심으로 한 자본주의 체제 진영과, 구소련을 중심으로 한 사회주의 체제 진영은 사상적으로 대립하지. 자본주의 진영과 사회주의 진영은 서로 주변 국가를 자신들의 영향력 안에 두려고 했는데, 그러면서 여러 나라의 운명이 갈렸어. 우리나라도 미국의 도움을 받은 남한과 구소련의 도움을 받은 북한으로 나뉘었듯, 전 세계의 많은 국가들이 사상에 따라 서로 자본주의 진영이나 사회주의 진영의 편을 들게 되었단다. 이를 '냉전 체제'라고 해. 냉전 체제는 두 진영에 세를 보태는 동맹국들이 점점 늘어나면서 더욱 가속화되었지.

그런 상황 속에서 미국 코앞에 있는 쿠바 섬에 사회주의 정권이 들어선 거야. 미국 입장에서는 좋을 리가 없었지. 하지만 구소련 입장에서는 매우 좋은 일이었어. 가장 큰 적수인 미국을 위협할 수 있는 위치에 있는 국가가 사회주의를 선택했으니 말이야.

그래서 구소련은 쿠바를 적극 지원했단다. 아직 사람이나 가축의 힘으로 농사를 짓는 사람들이 대부분인 쿠바에 많은 원조를 했지. 그 덕분에 쿠바에서는 1980년대까지 비약적인 발전을 할 수 있었어. 구소련이 쿠바에서 난 설탕을 비싼 가격으로 사 주었기 때문에, 쿠바에서는 곡식보다는 사탕수수나 담배를 많이 길렀어. 설탕이나 담배를 비싼 값에 수출하고 곡식을 싼 가격에 수입하는 게 더 이익이었던 거야. 농사도 기계로 지었지.

값싸게 들여온 외국의 물자 덕분에 재정이 넉넉해진 쿠바는 국민들에게 교육과 의료를 무료로 제공할 수 있었단다. 교육과 의료를 무료로 받는 건 웬만한 선진국에서도 하기 힘든 일인데, 딱히 변변한 산업 시설도 없었던 쿠바가 해냈다니 정말 놀라운 일이야.

그런데 1980년대 말에 이 영원할 것 같았던 냉전 체제에 변화가 생기기 시작했어. 중간 과정이 좀 복잡하긴 한데, 결과만 간단하게 말하자면 구소련이 해체된 거야. 구소련이 가장 핵심 역할을 했던 사회주의 동맹이 무너지면서, 1990년대에 냉전 시대는 막을 내리게 되었단다.

이 변화를 반기는 사람들도 있었지만, 쿠바 입장에서는 큰일이 났어. 쿠바는 앞서 말한 것처럼 설탕을 팔아 국내에 필요한 식량의 60퍼센트를 수입하고 있었어. 식량뿐만 아니라, 석유, 비료와 사료까지 수입했지. 그런데 구소련이 무너지면서 이런 경제 구조가 순식간에 무너진 거야.

게다가 미국이 '금수 조치'라는 것을 내렸어. 금수 조치란 영어로 '엠바고(Embargo)'라고도 하는데, 정치적인 이유로 어떤 특정 국가를 경제적으로 고립시키는 조치를 말해. 나라 간의 교역을 완전 중단시키는 것이지. 구소련의 편을 들었던 쿠바가 못마땅했던 미국이 쿠바의 카스트로 정권을 무너뜨리기 위해 경제 봉쇄를 가한 거야.

그 결과, 쿠바는 하룻밤 사이에 무역의 85퍼센트가 중단되었고,

수입해 오던 비료와 농약, 가축 사료가 80퍼센트 이상 줄어들었어. 석유와 식량의 수입량도 반으로 줄었지. 당장 사람들 가정에 먹을 것이 뚝 떨어지고 말았어.

"지금 당장 곡식을 심는다고 해도 키워서 먹으려면 반년이 걸려. 그동안 무엇을 먹고 견디지?"

"농기계를 움직일 연료와 화학 비료도 없어요!"

"농촌에는 식량이 있지만, 그걸 도시로 운반할 자동차 연료가 없어요!"

이처럼 쿠바는 커다란 고통을 겪게 되지. 얼마나 고생이 심했는지, 이 당시 국민들의 체중은 평균 10킬로그램이 줄어들었다고 해. 상상해 봐. 모든 사람들이 10킬로그램이나 빠질 만큼 굶주림에 시달렸단 말이야. 그냥 살을 빼려고 해도 10킬로그램을 빼려면 어마어마한 노력이 필요한데, 먹을 것이 없어서 10킬로그램이 줄었다니 얼마나 식량이 모자랐는지 짐작이 가지?

먹지 못해 영양실조에 걸려 시력을 잃는 환자가 급격히 늘어났고, 갓 태어난 아이들이 목숨을 잃는 일도 많아졌어. 그런 상황에서 쿠바 국민들은 살기 위해 당장 무엇인가를 해야 했어. 사람들이 선택한 일은 무엇이었을까? 그건 바로 직접 식량을 만드는 것이었어. 바로 자신들이 살고 있는 집의 마당에서 말이지.

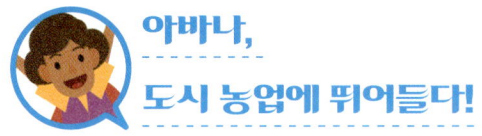

## 아바나, 도시 농업에 뛰어들다!

도심에서 텃밭 가꾸는 게 뭐 그리 대수냐고 생각할지도 모르겠다. 우리나라 사람들도 부지런해서 남아도는 땅이 있으면 작은 텃밭을 일구곤 하잖아. 또, 건강한 먹을거리를 얻기 위해서 일부러 손수 채소 가꾸는 사람들도 있지. 아무래도 대규모 농작에는 화학 비료와 농약을 빼놓을 수가 없는데, 화학 비료와 농약의 부작용이 알려지기 시작하면서 과연 사람 몸에 안전한 것인가 하는 의문이 생겨났지. 그래서 천연 비료를 사용해 유기농 농작물을 손수 기르는 사람들이 점차 늘고 있는 실정이야.

하지만 쿠바의 아바나가 도시 농업, 그것도 유기농 농업을 선택한 이유는 완전히 다른 이유에서였어. 더 나은 삶을 위한 것이 아니라 순전히 배가 고파서였거든. 쿠바의 시골에 식량이 있어도 아바나 같은 도시로 실어 올 방법이 없었으니, 당장 굶어 죽지 않으려면 어디에라도 씨앗을 뿌려 곡식이나 채소를 길러야 했어.

사람들은 조금이라도 땅이 보이면 무조건 씨앗을 뿌렸어. 특히 녹지가 부족한 도시에서는 숨어 있는 자투리땅과 곳곳의 텃밭은 물론이고 옥상, 정원, 공터 등 씨앗을 뿌릴 수 있는 곳이면 장소를 가

리지 않았어. 흙을 담을 수만 있다면 폐타이어나, 양철 냄비, 폐비닐까지도 화분으로 삼아 씨를 뿌렸지.

콘크리트 위에서도 농사가 가능한 만능 밭도 등장했어. 벽돌이나 돌, 합판 등으로 둘레를 친 뒤 퇴비를 섞은 흙을 넣어 인공 밭을 만든 거야. 이를 '오가노포니코'라고 하는데, 쉽게 말하자면 아주 큰 화분이라고 생각하면 돼. 이렇게 벽을 둘러치면 흙이 흐르지 않아서 콘크리트 위에서도 채소를 기를 수 있어. 덕분에 공간이 허락하는 곳이라면 어디에서든 농사가 가능해졌단다.

◯ 만능 밭 '오가노포니코' 덕분에 도시 농업이 성공할 수 있었단다.

국민들이 살아남기 위해 애쓰자, 쿠바 정부도 발 벗고 나섰어. 도시 안의 남는 토지를 밭으로 만들고, 농업 전문가를 양성해서 튼튼하고 생산량이 많은 종자를 개발하고, 천연 퇴비를 만들고, 농약을 뿌리는 대신 천적으로 해충을 제거하는 방법을 연구해 널리 알리도록 했지.

또, 전국에 농업 연구소 200여 곳에서 3만 5,000여 명의 연구원들이 다양한 연구 활동을 할 수 있도록 지원했어. 연구원들과 농민들은 공개 강의와 교육을 통해 서로 지식을 주고받았어. 농업 기술은 물론, 좋은 종자를 개량하고 나누면서 서로 직접 소통하다 보니 농업 기술이 더욱 발전했지. 이 밖에도 쿠바 정부는 도시 농업 동호회를 만들어 운영하는 등 여러 가지 도서 농업 정책을 내놓았어. 그리고 화학 비료나 농약을 금지하는 조례를 제정해서 유기 농업만 하도록 했지. 천연 농약과 천적을 이용한 해충 퇴치, 퇴비를 듬뿍 쓴 작물은 농약과 화학 비료를 써서 생산한 농작물과 비교해 품질과 생산성이 전혀 뒤떨어지지 않는다고 해.

이런 노력이 모이면서 아바나는 필요한 농산물의 80퍼센트를 자급자족으로 해결할 수 있게 되었어. 아바나 전체 면적인 728제곱킬로미터 중 299제곱킬로미터가 경작지가 되었고, 여기서 나는 농산물로 1인당 150그램에서 300그램의 채소를 섭취할 수 있게 되었지. 비로소 사람들은 굶주림에서 벗어나는 데 성공했어.

이렇게 아바나가 도시 농업에 성공하자 쿠바의 다른 도시들에서도 도시 농업이 번져 나갔지. 그리고 그 와중에 여러 사람의 지혜와 지식이 보태고 더해지면서, 아바나의 도시 농업은 세계적으로 인정받는 도시 농업의 본보기가 되었단다.

## 친환경 농사법, 도시를 살리다

도시에서 농사를 짓는다고 해서 세계적인 도시 농업의 모델이 될 수는 없어. 쿠바의 도시 농업에는 몇 가지 원칙이 있기 때문에 여러 나라에서 본받으려고 하고 있단다. 그게 무엇이냐고?

> 첫째, 모든 농산물은 유기 농업으로 생산한다.
> 둘째, 전통 농업법을 되살린다.

여기서 유기 농업으로 생산한다는 말은 농약이나 화학 비료를 뿌리지 않는다는 말이야. 사실, 쿠바 내에는 농약과 화학 비료를 구할 방법이 없었으니, 쓰고 싶어도 쓸 수가 없어. 하지만 설사 농약과 화학 비료를 구할 수 있어도 쓰지 않겠다고 다짐한 거야.

이런 결심을 한 데에는 이유가 있었어. 농약과 화학 비료 때문에 쿠바의 땅은 많이 황폐해져 있었거든. 화학 비료를 쓰면 당장 더 많은 농산물을 수확할 수 있지만, 시간이 지나면 땅이 점점 석회질로 변해. 그러면 수확량이 줄고, 모자란 수확량을 늘리기 위해서는 더 많은 화학 비료를 써야 하는 악순환이 생기지. 쿠바는 바로 그 악순환을 끊기로 했어. 그러기 위해서는 우선 땅부터 되살려야 했지. 그래서 선택한 것이 바로 다음의 네 가지 방법이야.

**1. 전통적인 퇴비 만들기**

음식물 쓰레기와 농산물에서 나오는 쓰레기와, 가축의 배설물을 섞어서 천연 비료를 만들었어. 만드는 과정이 고단하지만, 천연 비료는 땅을 기름지게 만들지.

**2. 천연 살충제를 만들기**

벌레들이 싫어하는 냄새가 나는 식물을 심기도 하고 해충의 천적이 되는 곤충을 길러 일부러 밭에 뿌렸어.

**3. 전통 농업 방식 쓰기**

전혀 다른 품종을 한 공간에 심는 혼작과 간작, 같은 땅에 여러 작물을 돌려 짓는 윤작을 했어. 이 방법은 땅의 품질을 지키기 위해 했던 전통 농법이야.

**4. 지렁이똥 사용하기**

지렁이 똥은 유기질이 풍부해 땅을 기름지게 만들어 주지. 쿠바에서는 지렁이의 품질을 개량해서 좋은 지렁이를 만들고, 이를 전국에 보급했어.

이런 꾸준한 노력 덕분일까? 아바나의 땅과 생태계가 다시 살아나기 시작했어. 10여 년이 흐르자, 아바나의 도시 농업은 대성공을 이루었단다. 아바나의 식량 자급률이 95퍼센트 이상으로 껑충 뛰었어. 이 말은 아바나 시민들의 식량 대부분을 아바나에서 생산하고 아바나에서 소비한다는 뜻이야.

사람들은 텃밭에서 기른 작물을 직거래 장터에 들고 나와서 사고팔았어. 복잡한 유통 구조가 없는 덕분에, 사람들은 필요한 작물을 싼값에 얻을 수 있었지.

쿠바 사람들은 도시 농업의 성공에 대해 이렇게 말해.

"이 모든 것이 사람들이 힘을 합쳤기에 이룰 수 있었어요. 쿠바는 아열대 기후에 토지가 척박해서 병충해가 잘 발생하는 곳입니다. 비료와 농약마저 부족한 상황에서 유기 농업을 하기란 쉽지 않은 일이죠. 그런데 이런 악조건을 이겨 내고 성공적인 유기 농업을 일궈 낼 수 있었던 건 정부와 농민, 현장에서 연구하고 뛰는 연구원들이 함께 노력했기 때문입니다."

이런 노력 덕분에 쿠바 시민들이 집 뒤에 가꾸는 텃밭은 30만 개가 넘어. 쿠바 정부는 앞으로 50만 개 이상의 텃밭을 만들어 과일을 기른다는 목표를 세웠어.

먹을거리를 해결하기 위해 시작된 쿠바의 도시 농업은 이제 환경 보전 효과까지 거두고 있어. 이제 도시 농업은 그저 도시에서 농사를 짓는 것에 그치지 않고, 아바나를 숲의 도시로 만드는 쪽으로 방향을 바꿔 가고 있단다.

앞으로 아바나는 어떤 모습으로 바뀔까? 정말 궁금하지 않니?

## 쓰레기장이 도시 농장으로

자, 그럼 실제로 아바나에서 어떻게 도시 농업을 하고 있는지 살펴볼까? 예전에는 마당과 작은 텃밭에 씨를 뿌려 농사를 지었지만, 곧 점점 규모가 커져 갔어. 그리하여 이제 아바나에는 본격적인 농사꾼이 등장했단다. 도시에 전문 농사꾼이라니, 정말 멋지지?

이 농사꾼들이 일하는 곳은 조합 농장이야. 농장 주인이 사람을 고용해 일을 시키는 게 아니라, 사람들이 자발적으로 모여서 농장을 만들고 농사를 짓는 곳이지. 조합 농장인 만큼 농사를 지어 얻는 이익은 조합원들이 공평하게 나눠 가지고 있어.

1997년에 설립된 알라마르 농장도 그중 하나로, 크기가 무려 17만 제곱미터에 달한단다. 친환경 농산물이 무럭무럭 자라는 이 아름다운 농장은 믿기지 않지만 옛날에 쓰레기장이었대. 하지만 오늘날에는 조합원이 165명이나 되는 커다란 농장으로 탈바꿈했어.

처음에 이 농장은 다섯 명이 모여 시작했어. 땅은 국가의 소유인데, 이를 무상으로 임대해서 농사를 지었지. 지금은 상추, 허브, 배추, 정원수 묘목 같은 농작물 20여 종을 친환경 농법으로 기르고 있어. 정부에서 운영하는 농업 연구소와 자매결연을 맺고 친환경 농법을 배워서 이 농장에 적용하고 있지.

해충을 퇴치할 때는 해충이 싫어하는 작물을 심거나, 천연 살충제나 천적인 벌레의 알을 밭에 뿌려서 해충을 잡아먹도록 하고 있어. 그래서 이 농장에 가면 토마토와 상추, 상추와 고추 등을 함께 심거나 담배와 석회를 섞어 만든 살충제를 쓰는 모습을 흔하게 볼 수 있어. 그리고 지렁이로 땅을 기름지게 만들고, 음식물 쓰레기로 퇴비를 만들어 쓰는 등 전통적인 농업 방식을 따르고 있단다.

이곳에서 생산된 친환경 농산물은 학교와 병원, 관광호텔 및 지역 주민들에게 팔려 나가. 또, 맛에는 이상이 없지만 모양이 안 좋아서 상품성이 없는 채소를 양념으로 만들어 팔기도 해.

비록 땅은 국가의 것이지만, 농산물을 팔아서 얻는 수익은 조합원들이 나눠 가지기 때문에, 조합원들은 열심히 일할 수밖에 없어. 이곳 조합원이 버는 돈은 장관 월급보다 많을 지경이야.

알라마르 농장이 대규모 농장이라면, 앙드레 1호 농장은 전형적인 아바나 시내의 소규모 도시 농장이야. 1992년에 도시 주택 옆에 자리한 쓰레기장을 농장으로 개조했지. 조합원은 10명인데, 그중 농사를 짓는 사람이 4명, 직판장에서 농산물을 파는 사람이 3명, 천적 배양실을 운영하는 전문가가 1명, 묘목 담당자가 1명, 청소 담당자가 1명이야. 규모는 작지만 이곳 역시 배양실에서 천적을 길러서 병충해를 막고, 화학 비료 대신 천연 비료와 지렁이 똥을 쓰지.

이곳에서 기른 농작물을 주민들과 주변 대사관, 학교나 병원 등에 공급하는데, 학교에는 보다 싼 가격으로 납품해. 따뜻한 열대성 기후 덕분에 한 해에 무려 10번이나 채소를 심고 거둘 수 있지. 농산물을 길러 얻는 수익은 조합원에게 80퍼센트, 농업 회사에 15퍼센트를 분배하고, 5퍼센트는 투자비로 저축하고 있어. 이때, 수익을 나누는 비율이나 근무 시간 등등 농장의 운영 방침들을 모두 조합원들 스스로 결정하고 있지. 이곳은 쿠바 농업 기술 협회의 교육 센터로도 활용되고, 농업 대학 학생들의 실습 장소로도 쓰이고 있는데, 이런 작은 농장이 아바나 주에만 200여 곳에 달한다고 해.

이렇듯 아바나의 도시 농업은 자연과 인간이 함께 살아간다는 새로운 삶의 방식을 보여 주고 있어. 끊긴 자원 속에서도 지혜를 모으고 이웃과 힘을 합치면 어떤 어려움도 능히 떨치고 일어날 수 있다는 사실을 잘 보여 주고 있지.

## 무지개 도시를 만드는 시민의 힘

알라마르 농장 조합원들의 대표인 **미겔 살시네스 로페스** 씨로부터 농장 경영에 대한 이야기를 들어 보자.

❝ 우리 농장은 땅만 국가 소유이지, 여기서 농작물을 기르고 판매하고 그 수익을 나누어 갖는 것은 모두 조합원들의 몫이랍니다.

1990년대 이전에는 대부분 사탕수수를 재배해서 수출했지만, 구소련이 몰락하면서 거의 모든 수출입이 막히고 말았죠. 우리는 스스로 먹을거리를 해결해야 했어요.

옛날에는 농업 인구가 80퍼센트에 달했지만, 외국에 설탕을 수출해서 번 돈으로 농기계를 사서 쓰게 되자 많은 농부들이 일자리를 잃고 도시로 떠났죠. 그런데 석유가 끊기면서 농기계는 쓸모가 없어졌고, 그나마 지방에 식량이 있어도 도시로 운반하는 게 불가능해졌어요. 남은 방법은 도시 안의 노는 땅을 적극적으로 개간하는 것이었죠.

처음에는 무척 힘들었어요. 농약도 화학 비료도 없어서 수

확이 적었죠. 새로운 농법도 연구해야 했고요. 다행히 유기 농법이 성과를 거두면서 우리 농장도 점차 자리를 잡았습니다.

농장의 모든 일은 조합원들이 직접 결정합니다. 조합장도 조합원 전체 회의에서 비밀투표로 뽑고 있죠. 급여는 처음 1년은 적게 받지만 10년이 지나면 처음보다 5배를 받아요. 매일 커피와 아침, 점심, 간식이 제공되고, 1년에 휴가가 한 달이에요. 이자 없는 대출도 해 주고 있지요.

지금 우리 농장 조합원의 한 달 월급이 1,500페소인데, 농업부 장관의 월급이 700페소 정도라는 것과 비교하면 거의 2배 이상 많죠. 그것도 수익의 50퍼센트만 나눈 액수예요. 나머지 50퍼센트는 농장에 다시 투자해요."

## 시민들은 자발적인 참여했어

어때, 쿠바의 변화하는 모습을 잘 지켜보았니? 어떤 친구들은 쿠바의 모습에서 '어떤 시민 의식이 있는 걸까?' 하고 고민할 수도 있어. 쿠바의 변화가 쿠바 안에서 스스로 일어난 것이라기보다는, 구소련의 몰락과 미국의 경제 봉쇄 때문에 어쩔 수 없이 변한 것처럼 보일 수도 있으니까. 그런데 이 모든 것이 단순히 모든 물자가 끊기는 극한 상황에 몰려 엉겁결에 우연히 성공한 것일까? 그렇지 않아. 힘든 상황이 닥쳐도 이를 적극적으로 이겨 내고자 한 시민들의 의식이 없었다면 결코 성공하지 못했을 일이야.

경제 봉쇄를 당한 뒤, 쿠바는 힘든 시기를 겪었어. 너희들도 알다시피 오늘날 현대 사회에서 석유는 굉장히 중요해. 차를 운전할 때도, 전기를 만들 때도, 기계를 돌릴 때도 모두 석유가 필요하지. 또 기계를 움직이는 것만 아니라, 화학 제품이며 약을 만들 때도 석유가 필요해. 우리 주변을 둘러봐. 석유를 쓰지 않는 곳이 거의 없을 지경이야.

그런데 그렇게 중요한 석유가 끊기면서 일상생활을 유지하게 만든 그 모든 것들이 일순간 멈춰 버린 거야. 당장 석유가 없어서 자동차도 움직일 수 없게 되었고, 태풍 때문에 집이 부서져도 고치지 못하는 일들이 일어났어. 배가 고파도 먹을 식량이 없고 공부를 하려 해도 책이 없었어. 병에 걸려도 약이 없었으니, 그 고통은 이루 말할 수가 없었지. 학교와 회사에 나가고, 맛있는 음식을 먹고, 지붕이 있는 집에서 편안하게 잠을 자는, 사람으로서 누려야 할 평상시의 생활이 한순간에 무너진 거야.

하지만 쿠바 사람들은 어려운 현실에 마냥 절망하지 않았어. 낙천적인 성품으로 어려움을 하나하나 이겨 나가기 시작했지. 이가 없으면 잇몸이라고, 어려운 상황을 지혜와 슬기로움으로 이겨 낸 거야. 식량이 모자라면 공터에 씨앗을 뿌렸고, 석유가 모자라면 에너지 절약 운동과 교육을 통해 에너지 사용량을 줄였어. 해외에서 들여와야 할 의료품이 없으면 자체적으로 개발을 하거나 큰 병에 걸리지 않도록 미리 예방하고 건강을 위해 운동 같은 취미를 갖도록 장려했어.

또, 당장 배가 고프다고 해서 미래에 대한 교육을 포기하지 않았어. 특히 교육과 의료 부분에 많은 예산을 투입해서, 원래부터 무상으로 제공되었던 교육과 의료 서비스를 계속 유지했어. 덕분에 쿠바에서는 대학을 포함한 모든 교육을 무료로 받을 수 있어. 특히 의료 부문에 있어서는 의사가 되겠다는 사람에게 전액 무료로 공부를 시켜 주고 있어. 돈이 없는 외국의 학생까지 차별하지 않고 받아들여서 공짜로 배울 수 있게 하고 있지.

이렇듯 쿠바 사람들은 교육이나 의료 서비스 등 가장 기본적인 복지에는 차별 대우를 받지 않아. 쿠바와 비슷한 다른 개발 도상국에서는 찾아보기 어려운 일이지.

이런 결과가 단순히 정부의 정책이나 힘만으로 가능했을까? 아니, 이 모든 것은 쿠바 사람들 스스로가 이뤄 낸 결과야. 그 증거의 하나가 바로 다양한 공동체 문화야. 쿠바 사람들은 다양한 공동체를 이루고 있어.

예를 들어, 공동체와 관련된 도시 농장은 무려 8,000여 곳이나 돼. 큰 농산물 시장도 80여 곳이나 되지. 공동체를 통해 만들어진 조합 집단은 이제 농업 산업에 큰 역할을 하고 있어. 그리고 이런 공동체의 운영은 정부가 아니라, 공동체에 속한 사람들의 의견으로 운영되고 있어. 정부로부터 정보와 기술을 얻긴 하지만, 운영은 스스로 결정하고 있지.

이렇게 공동체를 운영해 보는 경험을 쌓으면서 쿠바 사람들은 새로운 변화를 만들어 내고 있어. 스스로의 힘으로 식량을 얻을 수 있게 된 쿠바 사람들이 녹색 공간과 환경 보전에 눈뜨게 되면서 2,000만 그루의 나무를 아바나에 심은 거야. 나무를 심고 오염된 하천을 복구하면서 아바나의 모습은 아름답게 변화하고 있지.

물론 아직도 어려운 일은 많아. 정치적으로 카스트로 형제의 독재는 계속되고 있고, 이 때문에 미국의 경제 봉쇄가 쿠바를 어렵게 만들고 있지. 독재 정권 때문에 자유로운 의사 표현이 어렵고 인권 침해가 심하다는 점도 문제야. 어려운 경제 상황과 독재 정권을 견디다 못해 미국으로 탈출하는 사람들도 계속 줄을 잇고 있어.

그나마 희망적인 소식이 있다면, 2015년에 들어서서 미국과의 국교가 다시 정상화되었다는 점이야. 쿠바는 이를 계기로 미국의 금수 조치가 풀리면 어려운 경제를 살릴 수 있으리라고 보고 있어. 하지만 아직은 말 그대로 시작 단계야. 가야 할 길이 아주 멀지.

이런 모든 어려움에도 불구하고 쿠바는 중요한 경험을 세계 사람들에게 보여 주었어. 오늘날, 세상은 편리한 기계와 풍부한 물자로 가득해. 하지만 사람들은 이에 만족하지 못하고 남들보다 잘사는 것을 목표로 삼고 있지. 그러다 보니 필요 이상으로 지구의 자원을 낭비하고 있어.

문제는 점점 대량 생산과 대량 소비가 불가능해지고 있다는 사실이야. 이미 너무 많은 지구의 자원이 소비되었어. 이를 막기 위해 에너지 소비를 줄이고 새로운 자원을 개발하는 데 골몰하고 있긴 하지만, 언제 쿠바처럼 물자와 에너지가 끊길 상황이 올지도 몰라.

당장 석유와 식량이 없어서 상상할 수 없을 만큼 큰 고난과 역경을 맞이할 수도 있는 일이야.

하지만 쿠바 사람들이 용기와 지혜로 어려움을 극복한 모습을 떠올리면, 사람에게 무궁무진한 잠재력이 있다는 사실을 깨달을 수 있어. 아무리 어려운 상황이 닥쳐도 사람과 사람이 힘을 합치고 지혜를 모으면 살아날 구멍이 있다는 말이야. 우리에게 세상을 바꾸는 힘이 있다는 사실을 쿠바 사람들이 알려 주고 있는 것이지.

이런 희망의 사례를 보여 준 쿠바 사람들이야말로 정말 멋진 초록 슈퍼맨이 아니겠니?

# ④ 초록 슈퍼맨의 네 번째 마인드맵

초록 슈퍼맨의 네 번째 마인드맵은 식량에 대한 것이야. 불과 백 년 전까지만 해도 자기 손으로 식량을 마련하는 사람들이 많았어. 하지만 화학 비료와 농약, 농기계가 발달하면서 식량도 대량 생산이 가능해졌지. 그런데 그런 식으로 농사를 짓자 땅이 황폐해지고 먹을거리에 대한 안전성이 의문시되고 있어. 식량에 대한 고민과 해결책이 무엇인지 마인드맵을 통해 알아보자.

## 식량이란?
살기 위해 사람이 먹어야 하는 양식. 먹지 않고 사는 사람은 없으므로 가장 중요한 자원이다.

## 문제점

### 화학 비료
화학적으로 처리하여 만든 인공 비료를 말한다.

### 농약
농작물에 해로운 벌레, 병균, 잡초 따위를 없애거나 농작물이 잘 자라게 하는 약품을 말한다.

### 농기계
농사를 짓는 데 쓰는 기계를 말한다.

### 식량 회사
거대 자본으로 식량을 대량 생산해 유통시키는 회사를 말한다.

### 글로벌 푸드
전 지구적으로 상품화된 식량을 말한다. 신뢰도와 안정성이 불명확하며 물류비용과 온실가스가 증가한다.

### 패스트 푸드
주문하면 즉시 완성되어 나오는 식품을 통틀어 말한다.

### 정크 푸드
열량은 높지만 영양가는 낮은 패스트푸드, 인스턴트 식품을 이른다.

# 초록 슈퍼맨의 고민

## 대량 생산된 식량은 무엇이 문제일까?

* 대량 생산 방법의 문제점을 짚어 보고 안전한 식량을 만드는 방법은 무엇인지 확인해 본다.

**안전한 식량**

### 슬로푸드
패스트푸드에 반대되는 개념으로, 전통적이고 다양한 식생활을 하자는 운동이다.
* 건강한 재료를 시간과 정성을 들여 음식으로 만들자는 운동이다.

### 로컬 푸드란?
장거리 운송을 거치지 않은 지역 농산물을 말한다.
* 생산자와 소비자가 가까워서 농산물의 안전성을 확인하기가 비교적 쉽다.
* 장거리 운송을 거치지 않기 때문에 온실가스의 배출이 적다.

### 인스턴트 푸드
단시간에 쉽게 조리할 수 있고, 저장이나 보존이 간단하며, 수송과 휴대가 편리한 식품을 이른다.

### 무농약 농작물
농약을 2분의 1 이하로 사용하여 재배한 농산물을 말한다.
* 농약을 줄여 안전성을 높였다.

### 유기농 농작물
화학 비료와 농약을 전혀 사용하지 않고 키운 농산물을 말한다.
* 천연 비료를 사용하고 농약 대신 천적이나 천연 퇴치제를 쓰는 농산물을 말한다.
* 화학 성분이 없어 안심하고 섭취할 수 있다.

### 도시 농업
도시의 텃밭이나 주말농장에서 직접 농작물을 기르는 것을 말한다.
* 직접 안심하고 먹을 수 있는 식량을 거둘 수 있다.

# 5 지역의 재화를 지키는 친환경 도시 토트네스

골목마다 특색 있는 가게들이 즐비한
작은 도시에는 신기하게도 대형 마트나 체인점이
없어. 이곳 주민들은 마을 안에서 나는 것들로
의식주를 해결하고, 심지어 화폐까지 도시에서만
통용되는 것을 사용한다고 해.
이게 대체 가능한 일이냐고? 혹시 외딴 섬나라
이야기냐고? 천만의 말씀!
토트네스는 영국의 전통 있는 작은 도시야.

토트네스는 영국 남서부 데본 주에 위치한 마을이야. 런던에서 자동차로 5시간 정도 달리면 만날 수 있는 이곳은 자연 경관이 아름답게 잘 보존된 곳이어서 관광지로도 유명하단다.

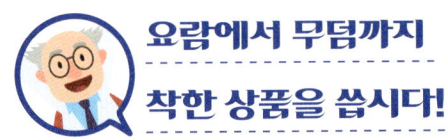

### 요람에서 무덤까지 착한 상품을 씁시다!

영국의 작은 시골 마을 토트네스가 영국에서 유명해진 사건이 하나 있어. 영국에는 어느 마을에든 하나씩 있을 정도로 유명한 커피 체인점인 '코스타'가 있어. 그런데 코스타가 토트네스에 점포를 낸다는 소식이 알려지자, 주민들이 대대적으로 반대하는 운동을 벌였어. 인터넷을 통해 반대 운동을 하기도 하고, 이미 오래 전부터 터를 잡고 커피를 팔아 왔던 동네 커피 전문점을 알리는 노력도 했지.

아니, 도대체 왜 그랬을까? 원자력 발전소나 자연을 해치는 시설도 아니고 기껏 커피 전문점이 하나 들어온다는데, 영국의 전 국민이 알 정도로 반대 운동을 벌이다니 참 특이한 일이지?

## 체인점이 뭘까요?

　체인점은 너희들도 잘 아는 가게들이야. 맥도날드 같은 패스트푸드 점이나 스타벅스 같은 커피 전문점들을 우리 주변에서 흔하게 볼 수 있지? 이런 가게들은 심지어 외국에서도 찾아볼 수 있단다.

　이런 가게들은 커다란 회사가 따로 있고, 개인이 돈을 투자해서 가게를 낸 뒤 회사에서 공급하는 같은 상품을 팔아. 미국에 있는 햄버거 가게에서 치즈 햄버거를 팔면, 한국, 프랑스, 일본 등 세계 각국의 가게에서도 똑같은 대표 상품을 판단 말이지. 이때 각 가게들은 상품을 팔아 생기는 이익의 일부를 회사에 로열티로 보내지. 회사에서는 상품 개발이나 홍보를 열심히 해서 가게 주인이 따로 신경 쓰지 않고 물건을 파는 데만 집중할 수 있게 해 줘.

　회사와 가게 주인 모두에게 이익이 되는 좋은 장점을 지니고 있지만, 회사가 커질수록 지역에 안 좋은 영향을 주는 경우도 있어. 이 경우에 대해서는 뒤에 더 자세히 이야기해 줄게.

미국의 맥도날드

홍콩의 맥도날드

네덜란드의 맥도날드

맥도날드에서 파는 대표 상품

토트네스는 작은 시골 마을이야. 토트네스의 중심가는 가파른 오르막길을 따라 형성된 작은 거리이지. 길을 따라 조그맣고 다양한 가게들이 줄지어 있어. 그런데 이곳을 가만히 살펴보면, 그 흔한 햄버거 가게며 커피 전문점 같은 체인점들이 하나도 보이지 않는다는 것을 알 수 있어.

가게들은 각기 가게 주인들이 제각기 아이디어를 내서 개성 있게 꾸민 곳이지. 흔히 볼 수 있는 체인점이나 대형 마트가 아니야. 대를 이어 이어 장사하는 정육점, 직접 만들어 파는 치즈 가게, 장인이 손수 만드는 신발 가게 등이 자리 잡고 있단다.

○ 토트네스의 중심가야. 길 양쪽으로 특색 있는 작은 가게들이 줄지어 있지.

이 가게들은 하나같이 공통점이 있는데, 유기농을 뜻하는 '오가닉' 마크를 내걸고 있다는 점이야. 먹을거리는 물론이고 옷, 신발 같은 물건도 유기농 혹은 공정 무역을 통해 얻은 재료들로 만들지. 이렇듯 농약이나 광우병 걱정 없는 건강한 먹을거리가 가득한 곳, 영국 최대 커피 전문점은 없지만 영국 최대의 유기농 농장이 있는 곳, 그곳이 바로 토트네스란다.

그럼 토트네스가 왜 굳이 유기농 상품만 다루는지, 왜 체인점을 마을에 들이지 않는지에 대해 좀 더 자세히 알아볼까?

### 유기농 재료로 먹고살아요!

토트네스 사람들은 물건을 사고팔 때 다음의 원칙을 지키고자 하고 있어.

> 첫째, 유기농 상품을 만든다.
> 둘째, 지역의 상품을 지역 내에서 소비한다.
> 셋째, 지역의 재화가 바깥으로 흘러나가지 않게 한다.

우선 유기농이란 앞서 말했듯 화학 비료나 농약을 쓰지 않고 농사를 짓거나 가축을 기르는 걸 말해. 자연에서 거둔 풀이나 가축의 배설물을 썩혀서 천연 비료를 만들고, 천적이나 천연 살충제를 사용해 해충을 잡지. 가축에게도 사료 대신 자연에서 난 풀이나 곡물을 먹여서 키워.

이렇게 키운 유기농 상품은 아무래도 화학 비료나 농약을 쓰지 않는 만큼 사람의 손이 많이 가고 생산량이 적을 수밖에 없어. 실제로 토트네스에서도 유기 농업을 선택한 이후로 수확량은 줄었다고 해. 그러다 보니 가격도 비싸질 수밖에 없지.

그런데도 토트네스에서는 어느 식당이나 찻집, 반찬 가게를 가도 모든 재료가 유기농이야. 사람들이 입는 옷도 유기농 면으로 만들고, 아기들의 기저귀 역시 마찬가지야. 신발도 화약 약품을 사용하지 않는 재료로 수제화를 만들어. 이 마을에서 만드는 구두는 마을 안에서만 아니라, 인터넷을 통해 전 세계로 팔려 나가고 있지. 기타를 만드는 장인들에게 기타 만드는 법을 배우기 위해 외지의 젊은이들이 토트네스로 몰려들기도 해.

그래서 어느 공예품 가게에는 'Not made in China'란 말이 적혀 있어. 중국산 제품을 팔지 않겠다는 말이 아니라, 대량 생산된 제품이 아닌 손으로 정성들여 만든 수공예품을 판매한다는 뜻이야.

○ 오른쪽 상점에 'not made in china'라는 문구가 보이지?

　이렇듯 토트네스에서는 온갖 먹을거리, 입을 것, 쓸 것이 유기농이야. 그런데 이런 제품이 유기농이라는 것을 믿을 수 있는 건 거의 모든 재료들이 마을에서 난 것이기 때문이야. 토트네스 사람들은 마을의 농장에서 생산된 것으로 먹고 마시고 물건을 만들거든.

　작은 가게뿐 아니라 정기적으로 열리는 시장에서도 유기농이 아닌 것은 찾아보기 힘들어. 심지어 장례도 수목장을 치러 자연으로 돌아간다고 해. 토트네스는 '요람에서 무덤까지 유기농'이란 표현이 딱 맞는 곳이야.

　또, 유기농 상품을 만드는 것에 그치지 않고, 아이들에게도 유기농 제품의 중요성을 적극적으로 가르치고 있지. 이곳의 아이들은 4학년 때까지, 닭을 키우고 직접 빵을 구워. 그 과정을 통해 토트네스 아이들은 땅을 가꾸면 먹을거리를 얻고 그것이 다시 자연으로 돌아간다는, 매우 단순하면서도 중요한 원리를 어릴 때부터 몸으로 배우고 있단다.

흥미로운 것은 이런 유기농 생활 방식이 알려지면서 복잡한 도시 생활을 정리하고 토트네스로 이주하는 사람들이 무척 늘어났다는 점이야. 심지어 관광객들도 몰리고 있어. 토트네스가 유기농 마을로 알려지면서 그들의 삶을 직접 보고 토트네스의 유기농 상품을 직접 사고 싶어서 토트네스로 오는 거야.

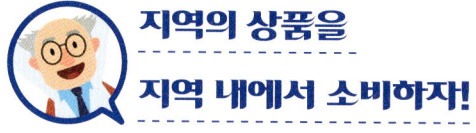

### 지역의 상품을 지역 내에서 소비하자!

토트네스에서는 마을에서 만든 상품을 마을 내에서 소비하도록 하고 있어. 즉 마을 바깥에서 상품을 사 오지 않고, 마을의 상품을 가능하면 마을 안에서 쓴다는 말이지. 이게 왜 중요한 걸까?

오늘날 사람들은 대부분 대형 마트나 슈퍼마켓 같은 체인점에서 물건을 사들이지. 마트 안에는 각종 고기며 채소, 생활용품들이 가득해서 한꺼번에 물건을 살 수가 있어서 무척 편리해. 대부분 늦은 시간까지 열기 때문에 밤늦게 가더라도 물건을 살 수가 있어서 바쁜 현대인에게는 무척 편리한 곳이라고 할 수 있어. 빠른 판매를 위해 이벤트며 쿠폰 등을 발행해서 더 싸게 팔기도 하니까 소비자 입장에서는 이익을 보는 면도 있고.

하지만 다른 관점에서 살펴보면 어떨까? 이런 대형 마트는 대부분 큰 체인 회사가 운영을 하고 있어. 회사는 이익을 추구하는 게 우선이야. 그래서 최대한 싸게 구입을 하고 비싸게 팔려고 노력하지. 파 한 단이라도 좀 더 싸게 파는 곳을 찾다 보니 때로는 외국에서 사들이기도 해. 하지만 상품이 싸기만 하면 되는 걸까?

물건이 싸려면 아무래도 질보다는 양인 경우가 많아. 하나하나 정성들여 키우기보다는 화학 비료나 농약, 기계 등을 활용해 대량 생산을 하는 게 지금으로서는 가장 저렴하게 농산물을 키우는 방법이지. 그러다 보니 농산물의 안전을 담보하기가 쉽지 않아. 공산품도 마찬가지여서, 때로는 상품의 안전성 문제로 리콜 사태가 일어나기도 하지.

또, 이런 마트를 이용할수록 지역 경제가 죽기 쉬워. 대형 마트나 슈퍼를 이용할수록, 동네 정육점이나 채소 가게는 점점 사라지게 될 거야. 그리고 이런 자영업자들이 사라지면 지역 경제의 뿌리는 약해질 수밖에 없어. 하지만 지역 상점이 든든하게 뿌리를 내리고 있으면, 불경기가 와도 충격이 분산되기 때문에 좀 더 오랫동안 버틸 수 있어. 그리고 살아남은 자영업자들이 버티지 못한 사람들을 도울 수도 있고.

물론 대형 마트에서도 지역 주민을 고용해서 일자리를 주기도 하지만, 만약 대형 마트가 망해 버리거나 불경기가 와서 종업원을 대량으로 해고하면, 한순간에 지역 주민은 실업자가 되지.

그래서 요즘에는 불편함을 무릅쓰고, 작은 지역 상점에서 물건을 사는 것이 점점 중요해지고 있어. 그래서 지역 상점에서도 여러 가지 아이디어를 내서 좀 더 소비자들의 편의를 돕고자 노력하고 있어. 무엇보다 소비자들이 의식적으로 작은 가게들에서 물건을 사야 작은 가게들이 살아남을 수 있는데, 아무래도 대형 마켓이 편리하다는 점 때문에 점점 더 많은 대형 마켓만 생기고 작은 가게들은 사라져 가고 있지.

하지만 토트네스에서는 그렇지 않아. 토트네스의 '로스콤 정육점' 주인의 이야기를 들어 볼까?

"토트네스 시내에 오래된 정육점이 네 곳이나 됩니다. 다른 지역에서는 대형 할인 마트나 슈퍼 체인 때문에 개인 정육점이 사라졌지만, 토트네스에서는 지역의 먹을거리를 구매해 주는 주민들 덕분에 이렇게 잘 유지가 되고 있지요."

정육점 주인의 말처럼, 토트네스에는 주변에서 나는 물건들을 사고파는 작은 가게들에서 물건을 사는 사람들이 많아. 물론 주민들이 좋아할 수 있도록 신선하고 안전한 제품을 만들기 위해 노력한 생산자들 덕도 있지만, 대형 마트와 슈퍼마켓 체인점이 급속도로 늘어나는 요즘 세태에 비추어 보면 참 특이한 마을이 아닐 수 없어.

토트네스의 시장은 코스타 커피 전문점을 반대하는 시위가 벌어졌을 때 이렇게 말했어.

"커피 전문점 코스타가 토트네스에 가게를 내고 싶어 하지만, 주민들이 원하지 않았습니다. 우리의 독립적인 사업을 자랑스럽게 생각하기 때문이죠. 그래서 코스타 입점을 반대하기로 의견을 모았고 캠페인을 벌인 것입니다. ……지역의 경제가 자립하려면 대형 체인점이 들어오는 것을 막아야 합니다. 이를 위해서 앞으로도 열심히 투쟁할 방침입니다."

지역 경제를 지키기 위한 지역 주민과 시장의 강한 의지를 엿볼 수 있지?

실제로 토트네스는 중심가에 자리한 가게들은 주민들이 직접 운영하고 있어. 예를 들어 '톰 모로의 오가닉 코디얼'이란 가게는 가게 주인 톰 모로의 이름을 따서 만든 자체 브랜드야. 근처 농장에서 직접 재배한 유기농 과일 음료를 파는 곳이지. 이 밖에도 빵집, 정육점, 향수 판매점, 보석상, 기념품 판매점, 식당 등 230여 개의 가게들이 자체 브랜드를 가지고 있단다. 이렇게 작은 가게들이 지역 사회 깊숙이 뿌리를 내리고 있기 때문에 서로 도움을 주고받으며 튼튼히 버티고 있어.

그리고 또 하나! 토트네스는 지역 경제를 위해 '토트네스 파운드'라는 것도 만들었어.

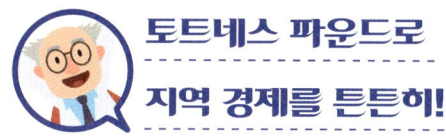
## 토트네스 파운드로 지역 경제를 튼튼히!

토트네스는 친환경 마을을 증명이라도 하듯 '녹색'이나 '유기농'이란 말이 들어간 간판이 아주 흔해. 그런데 특이한 간판이 하나 더 붙어 있어. 바로 토트네스 파운드(Totnes pound)를 뜻하는 'tp'야.

그런데 토트네스 파운드가 뭐냐고? 토트네스 마을에서만 사용할 수 있는 화폐야. 1토트네스 파운드는 1파운드에 해당해. 어떤 가게의 물건 값이 5파운드라면 일반 파운드로 계산할 때도 5파운드, 토트네스 파운드로 계산할 때도 5파운드야. 대신 토트네스 파운드로 계산할 경우 약간의 할인을 해 주지.

그렇다면 굳이 토트네스 파운드를 만들어 사용하는 이유가 뭘까? 소비자나 판매자 입장에서도 큰 이득이 없어 보이고 오히려 불편할 것 같은데 말이야. 답은 간단해. 토트네스 파

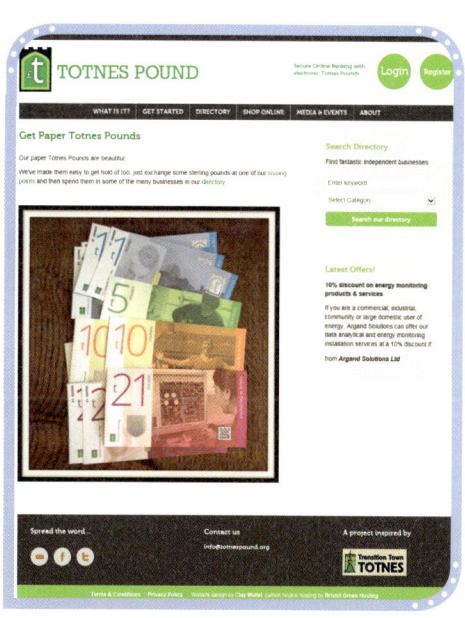
◐ 토트네스 파운드를 홍보하는 토트네스 홈페이지야.

운드는 토트네스에서만 돌기 때문에 외부로 돈이 빠져나가지 않아. 그러니 토트네스 경제가 튼튼해지지.

만일 토트네스 사람이 대형 커피 전문점에서 커피 한 잔을 사 먹는다면 어떻게 될까? 토트네스 사람의 돈이 외부의 커피 회사로 빠져나가게 되지. 하지만 토트네스 사람이 세운 커피 전문점에서 커피를 마시면, 돈은 토트네스 내부에 머물게 돼. 결국 마을 안에서 토트네스 파운드가 돌고 도는 것이지.

마을의 상점들이 붐비고 장사가 잘 된다고 해도 그것이 꼭 그 지역의 경제를 튼튼히 해 주는 건 아니야. 그 상점을 운영하는 곳이 그 지역 주민이 아니라 외부의 회사라면, 결국 돈은 외부로 빠져나가니까. 그래서 토트네스 파운드처럼 외부로 빠져나가지 못하고 그 지역에서 순환되는 화폐를 사용해서, 지역의 경제를 튼튼하게 만드는 거야.

토트네스 파운드는 영국 최초의 지역 화폐로 2007년, 시민 단체인 '전환 마을 토트네스(Transition Town Totnes, TTT)'가 시작했어. 마을 경제를 보호하자는 목적으로 시작된 이 운동에 지역 주민들과 토트네스 상인들이 동참하기로 했어.

"조금 불편하지만, 내 이웃과 함께하기 위한 거라면 할 수 있어요."

"조금 불편하지만, 지역의 경제를 발전시키기 위해서라면 우리도 나서야죠."

이런 적극적인 호응 덕에 이제는 무려 100여 곳에서 토트네스 파운드를 사용하고 있단다. 이렇게 지역 주민 스스로 토트네스를 위한 여러 가지 정책을 일구어 낸 결과는 과연 어땠을까?

토트네스에 관련된 각종 통계가 그 결과를 말해 주고 있지.

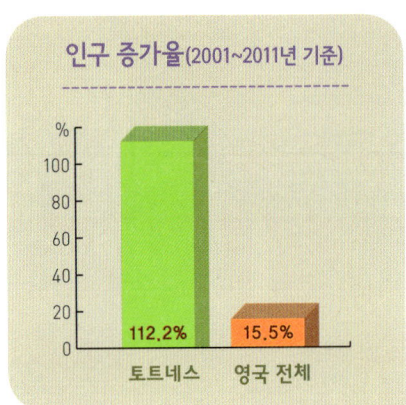
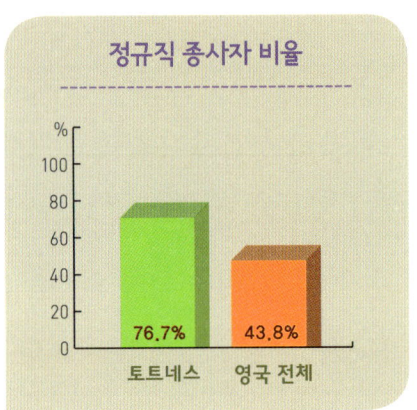
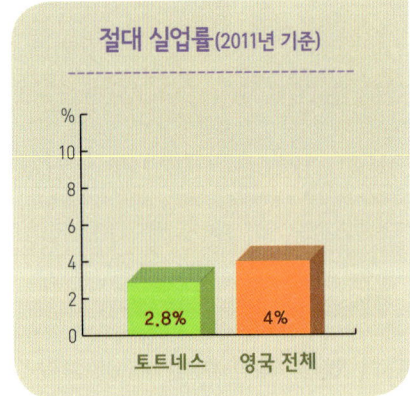
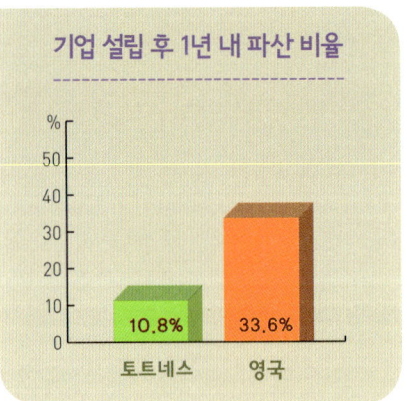

○ 토트네스와 영국 전체를 비교해 봤을 때, 토트네스의 인구 상승률과 정규직 종사자의 비율은 더 높고, 절대 실업률과 파산 비율은 더 낮다는 사실을 알 수 있어.

어때, 그래프만 봐도 토트네스의 경제가 탄탄하다는 게 한눈에 보이지?

토트네스 파운드는 작지만 건강한 사회를 만드는 역할을 하고 있어. 유로화가 유럽 통합의 상징인 것처럼, 토트네스 파운드 역시 토트네스의 경제는 물론 주민들의 돈독한 유대 관계의 상징이 되고 있단다.

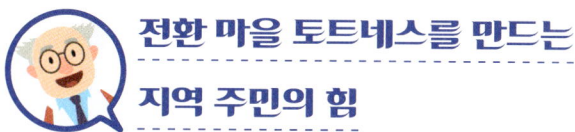
## 전환 마을 토트네스를 만드는 지역 주민의 힘

2006년, 토트네스에서는 '토트네스 전환 마을 프로젝트'가 시작되었어. 그런데 전환 마을이 뭐냐고? 아주 쉽게 말하자면, 지역의 경제와 환경을 보존해서 자급자족하고, 이런 자급자족이 계속 유지될 수 있도록 마을 사람들이 마을을 전환, 즉 바꾸어 간다는 뜻이지.

그런데 몇백 년이나 한 지역에서 조용하게 살아왔던 토트네스 마을이 왜 갑자기 이런 결정을 하게 되었을까? 그건 해가 갈수록 심각하게 변하는 기후와 에너지 위기를 심각하게 받아들였기 때문이야. 그리고 이를 해결하려면 지역 주민이 힘을 모아 주변의 작은 일부터 해결해 나가야 한다고 뜻을 모았기 때문이지.

"우리는 우리의 행동이 변하면 기후 변화를 막는 데 도움이 될 것이라고 믿습니다."

"그러기 위해서는 지역의 농산물과 상품을 사용해야 합니다."

"작은 상점들을 살리는 것이 도움이 될 거예요."

여기서 조금 고개를 갸웃거릴지도 모르겠다. 작은 상점을 살리는 일이 기후 변화를 막는 것과 어떻게 연관이 되는지 이해가 안 갈 수도 있어. 하지만 알고 보면 간단해.

기후 변화를 일으키는 것은 온실가스 때문인데, 온실가스는 자동차 배기가스에 많이 포함되어 있어. 만일 가까운 주변에서 먹을거리를 구하면, 먼 곳에서 식량을 실어올 필요가 없고 자동차가 실어오지 않으면 자연히 자동차 배기가스의 양도 줄어들겠지?

이 원칙은 건물을 지을 때도 적용되었어. 외부에서 자재를 사 오기보다는 지역에서 생산되는 건설 자재를 사려고 노력했어. 또, 단열이 뛰어난 건축물로 에너지 효율을 높이고자 했지. 사람을 고용할 때도 지역 출신 사람들을 우선적으로 고용하기로 했어. 이렇게 물건과 사람의 이동이 적을수록 온실가스의 양은 줄어들게 되지.

이런 노력은 지역 경제를 튼튼하게 만드는 효과도 가져왔어. 그 덕분에 전 세계에서 토트네스의 노력에 주목하게 되었지. 이제 미국, 호주, 뉴질랜드를 비롯한 35개국에서 토트네스를 본보기로 삼아 친환경적으로 생활 양식을 바꾸기 위해 노력하고 있어.

그리고 이제 토트네스에서는 여기서 한 걸음 더 나아가 전환 거리 운동도 펼치고 있어. 전환 거리 운동은 이웃이나 친구, 가족들이 그룹을 이뤄 에너지를 절약하는 방법을 찾고 실천하는 운동이야. 탄소 배출을 줄이고 에너지와 물, 음식, 쓰레기, 교통을 더 저렴하게 이용하는 방법에 대해 배우고 실생활에 적용하는 행동 변화 프로젝트지.

"우리가 소비하는 에너지를 만들기 위해 많은 화석 연료가 쓰이고 있어요."

"에너지 사용량을 절반으로 줄이고, 나머지 절반은 화석 연료가 아닌 재생 에너지로 만들어요."

"지역 에너지를 쓰고 설비를 바꾸어서 2030년에는 석유로부터 벗어납시다."

토트네스 주민들은 적극적으로 에너지 소비 형태를 바꾸기 위해 노력했어. 재생 에너지를 만드는 시설을 지역 산업으로 삼기 위해 '토트네스 재생 가능 에너지 협동조합'이라는 것도 만들었지. 주민들은 조합원으로 가입해 투자할 수 있단다.

마을 곳곳에 태양광 발전기를 지붕 위에 올리기 위한 노력도 시작되었어. 그런데 태양광 발전기는 공짜가 아닌 만큼, 주민들이 선뜻 발전기를 사는 것이 어려웠어.

이때 전환 마을 프로젝트 팀이 행동에 나섰지. 그렇다고 주민들에게 전환 마을의 필요성을 거창하게 설명하진 않았어. 다만 수도세와 에너지 비용을 크게 아낄 수 있다는 점을 설명했지.

전환 운동에 참여한 라우엘 씨는 이렇게 말했어.

"처음에는 수도세와 전기료를 크게 줄일 수 있다고 해서 관심이 갔어요. 이웃집 여섯 곳과 뜻을 모으면 지붕 위에 태양광 발전기를 설치할 수 있고, 그러면 전기세가 크게 절약된다고 하더군요. 그래서 이웃들을 설득해서 그렇게 했죠."

일단 여섯 가구가 모여 신청을 하면 전환 거리 프로젝트팀에서 참가자들의 집에 단열 개선 사업을 무상으로 지원해 주거나 보조해 주지. 그러면 영국 정부가 태양광 발전기를 설치해 줘. 이 태양광 발전기가 공짜는 아니어서, 각 가정에서도 비용을 일정 부분 내야 해. 주민들의 합의에 의해 저소득층은 더 많은 지원을 받을 수 있지.

그런데 태양광 발전기를 설치하게 되자, 시민들은 놀라운 경험을 하게 되었어. 정말 전기료가 확 줄어든 거야. 사람들은 힘을 합치면 적지 않은 성과를 거둘 수 있다는 것을 직접 눈으로 확인하게 되었어. 그리고 여섯 가구로 묶여 있기 때문에 자기 혼자 물이나 전

기를 펑펑 쓰게 되면 남에게 폐가 된다는 것을 알게 되었지. 시민들은 굳은 의지와 협동 정신을 갖게 되었어. 전깃불을 끄고 가스와 물을 아끼도록 서로를 북돋으며 대화를 나누게 되었어. 그러면서 자연스럽게 이웃과의 정이 돈독하게 되었지.

이렇듯 전환 마을 운동은 누구나 피부에 와 닿는 평범한 문제로 시작했어. 하지만 이 운동에 참여한 사람들은 곧 세계적인 기후 문제와 에너지 안보 문제에까지 자연스럽게 관심을 갖게 되었지.

전환 운동에 참여한 라우엘 씨는 또 다른 경험담을 이야기했어.

"어느 날, 이웃과 쓰레기 문제에 대해 얘기하다가 대형 유기농 생산 업체에서 매일같이 100킬로그램에 달하는 농산물을 버린다는 이야기를 들었어요. 곧바로 그 업체를 설득해서 버려지는 농산물을 받아 자선 단체와 노숙자에게 전달하기 시작했죠. 이 활동을 통해 생활비도 줄이고 환경도 보호하면서, 동시에 이웃 공동체 속에서 뭔가 새로운 가치를 만들어 낼 수 있게 되었어요. 그러면서 삶의 질도 높아진다는 느낌을 받게 되었습니다."

어때, 라우엘 씨의 말을 보면 한 사람의 변화가 많은 것을 바꿨음을 알 수 있지? 단 한 명의 사람이 작은 일에라도 일단 관심을 갖기 시작하면 세계적인 기후 변화나 에너지 안보에까지도 영향을 줄 수 있는 거야.

### 보다 나은 미래를 꿈꾸어요!

'전환 마을 토트네스'에서 일하는 제이 톰프트 씨는 이런 말을 했어.

"사람들이 받아들이고 이해하기 쉬운 말로 사업을 진행하는 것이 중요합니다. 일자리를 창출하고 지역 경제를 활성화하고 주머니 사정이 더 나아지는 방향이라고 하면 어느 누구도 거절할 수 없거든요."

이렇게 작은 일부터 차근차근하게 진행했기 때문일까? 전환 마을 프로젝트의 성과를 살펴보면 그 결과가 놀라워. 토트네스 인구의 18퍼센트가 참여하고, 이를 통해 가구당 연평균 570파운드(한화 약 98만 원) 정도의 에너지 비용을 줄이고 있거든. 탄소 배출량으로 환산하면 한 가정당 1.3톤씩 이산화탄소를 줄이고 있는 셈이야.

마을 상점과 도서관, 성당, 박물관, 시장 곳곳에는 토트네스의 전환 운동이 어디까지 왔고 어디로 가는지에 대한 자료가 붙어 있어. 마음만 먹으면 너무나 쉽게 전환 운동에 동참할 수 있지. 토트네스 전환 마을 운동은 누구에게나 열려 있단다.

실제로 박물관에서 일을 하는 알렌 씨는 시간이 날 때마다 석유 가격을 체크하고, 평범한 주부 캐시 아주머니는 앞마당에서 마늘을 기르고 정원에서 가지치기한 나무로 겨울철 난방 연료를 준비해. 홉킨스 씨는 전환 마을의 이념을 몸소 실천하기 위해 4년 전부터 비행기 여행을 하지 않는다고 하지.

이들은 성별도 나이도 직업도 경제력도 다르지만 모두 토트네스 주민들이야. 하나같이 에너지 위기를 잘 준비하면 충분히 즐겁고

행복한 미래를 준비할 수 있다는 믿음을 가지고 있지. 자연과 더불어 주민들이 건강하고 행복한 삶을 사는 것, 이것이 토트네스 주민들의 진정한 꿈이고 바람이란다.

그리고 이런 꿈을 가진 사람들이야말로 지구를 지키는 또 다른 슈퍼맨이라고 할 수 있겠지?

하지만 평범한 우리가 하나로 힘을 모으는 순간, 지구의 운명이 바뀌는 큰 힘을 낼 수 있어요.

# ⑤ 초록 슈퍼맨의 다섯 번째 마인드맵

초록 슈퍼맨의 다섯 번째 마인드맵은 환경권에 관한 거야. 사람에게는 건강하고 쾌적한 환경 속에서 살아갈 수 있는 권리가 있어. 이 권리를 누리기 위해서 많은 사람들이 노력하고 있지. 초록 슈퍼맨이 그리는 다섯 번째 마인드맵을 만나 보자.

## ★초록 슈퍼맨의 고민★

**모두가 안전하고 건강한 환경 속에서 살 수 있는 방법은 무엇일까?**

* 환경권에 대해 알아보고 실천할 방법을 찾아본다.

## 어떻게 실천할까?

### 의제 21이란?

1992년 유엔 환경 개발 회의에서 '환경과 개발에 관한 리우데자네이루 선언'이 채택되었는데, 그때 나온 실천 계획이다.

* 대기, 토양, 해양, 산림, 생물 종 등 자연 자원의 보전과 관리를 위한 지침과 빈곤 퇴치, 건강, 인간 정주, 소비 행태의 변화 등을 폭넓게 다루고 있다.

### 지구의 날이란?

자연을 보호하려는 시민들이 자발적으로 만든 날로, 매년 4월 22일이다.

* 지구의 환경 오염의 심각성을 알리기 위해 자연보호자들과 환경 운동가들이 정한 자연 환경 보호 기념일이다.
* 1970년 미국에서 시작되었고 1990년 미국 환경 보호 단체들의 제안으로 세계 150여 개국으로 확대되었다.

## 어떻게 규정할까?

### 환경법이란?
인간다운 건강하고 쾌적한 환경 속에서 생존할 수 있는 권리를 말한다.

### 국제 연합 인간 환경 선언이란?
1972년 스웨덴 국제 연합 인간 환경 회의에서 채택된 '인간 환경 선언'을 말한다.
* 이 선언이 있은 뒤, 각 나라에서 잇달아 환경권을 제정했다.
* 그만큼 환경권은 인간의 삶에 필수적이고 중요하다.

### 환경 정의란?
인간은 공평한 환경을 누려야 한다.
* 환경 오염은 가난하고 힘없는 약자에게 집중되기 쉽다.
* 따라서 환경적 위험, 재난, 환경 투자, 환경 혜택이 차별 없이 모든 사람들에게 고르게 나뉘고, 환경적 자연 자원에 대한 접근성이 평등해야 한다.

### 기후 정의란?
선진국이 배출한 온실가스 때문에 후진국이 고통을 당하는 걸 막아야 한다.
* 산업화가 발달한 선진국일수록 온실가스를 많이 배출한다. 그런데 온실가스로 인한 기후 변화 때문에 피해를 보는 것은 주로 후진국들이다.
* 후진국들은 재난과 재해에 대처할 능력이 부족하니, 이를 보완할 제도를 마련해야 한다.

| 맺는 글 |

# 시민은
# 힘이 세다!

초록 슈퍼맨이 되는 방법을 잘 봤니?
앞에 나온 이야기들에서 본 것처럼,
세상을 바꾸는 초록 슈퍼맨이 되는 것은
결코 어렵지 않아. 하지만 오랫동안 굳은 결심을
유지하고 실천한다는 게 결코 쉬운 일도 아니지.
그럼에도 불구하고 사람의 역사를 살펴보면
자신의 신념을 지키기 위해 노력한 슈퍼맨들이
정말 많다는 사실을 알 수 있어.
슈퍼맨들의 행동이 정말 세상을 바꾸었을까?
세상을 바꾸었다면 어떻게 바꿨을까?

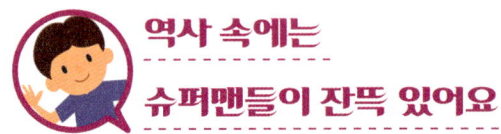

## 역사 속에는 슈퍼맨들이 잔뜩 있어요

불과 몇백 년 전까지만 해도, 세상을 다스리는 것은 막강한 권력을 지닌 사람들이었어. 그 사람들은 왕이기도 하고, 귀족이기도 하고, 자본가이기도 하지. 하지만 세상은 점점 변했어. 신분 제도가 없어지고 일정한 교육 과정을 거치면서 사람은 누구나 개인의 자유와 권리, 평등에 눈뜨게 되었지. 하지만 이런 개인의 권리와 자유가 어느 날 갑자기 하늘에서 뚝 떨어진 건 아니야. 역사를 살펴보면, 보다 나은 삶을 위해 노력한 사람들이 있었어.

 1791년 프랑스에는 여성의 참정권을 주장하고 나선 여성이 있었어. 지금이야 여성들도 정치에 참여할 수 있었지만 이 당시에는 어림도 없는 일이었지. 그런데 한 여성이 여성의 참정권을 주장한 거야. 그녀의 이름은 '올랭프 드 구즈'. 프랑스 혁명에서 내건 자유와 평등이 남성에게만 해당하는 것에 환멸을 느껴 〈인간과 시민의 권리 선언문〉에 빗댄 〈여성과 여성 시민의 권리 선언문〉을 썼어. 그녀는 "여성은 태어날 때부터 남성이 가진 모든 권리를 가진다."라고 말하며 여성 참정권을 주장했어. 그러나 이 일로 '자신의 성별에 적합한 덕성을 잃어버린 사람'이란 죄목으로 처형당했어. 올랭프 드 구즈는 "여성이 사형대에 오를 권리가 있다면 의정 연설 연단 위에 오를 권리도 당연히 있다"는 유명한 말을 남겼지. 그녀의 당찬 선언대로 여성의 참정권을 위해 싸운 사람들 덕분에 프랑스 여성들은

◎ 올랭프 드 구즈

◎ 헨리 소로

1946년에 참정권을 가지게 되었어.

그런가 하면, 1950년대에 미국의 작가이자 사상가 '헨리 데이비드 소로'는 당시 미국의 제임스 포크 대통령의 강경한 팽창 정책과 노예 제도에 반대해 인두세 납부를 거부했어. 당시 사람들 사이에서는 소로가 주장한 "한 사람으로서의 다수"라는 표현이 유행하기도 했는데, 이는 비록 소수파라 하더라도 다수파보다 도덕적 정당성에서 우위에 있다면 소수파가 다수파를 이길 수 있다는 뜻이야.

소로는 자신의 책에서 "소수가 무력한 것은 다수에게 다소곳이 순응하고 있을 때이다. 그러나 소수가 전력을 다하여 막을 때에 그들은 거역할 수 없는 힘을 갖게 된다."라고 말했어. 이 저서가 유명해지면서 소수의 뜻을 주장할 때, 책 제목인 《시민 불복종》이란 말이 쓰이기 시작했어.

1940년대에 인도 독립의 아버지 '마하트마 간디'는 남아프리카에서 변호사로 일하는 동안 차별받는 인도인들의 모습을 목격한 뒤 인종 차별 반대 투쟁을 부르짖었어. 간디는 인도로 돌아온 뒤, 영국의 제국주의 야욕에 맞서 민족의 자결 자주권을 부르짖고 제국주의를 비난하며 영국 제품 불매 운동, 물레의 장려, 비폭력 무저항주의 같은 범국민적 운동을 벌였어. 물레는 산업화를 반대하는 상징이자, 비인간화의 길을 걷는 현대 문명에 대한 비판을 뜻하지. 간디의 행동은 많은 사람들의 마음을 움직이게 했고, 결국 인도는 파키스탄과 갈라지긴 했지만 평화로운 독립을 이루었어.

1955년 12월, 미국 앨라바마 주 몽고메리라는 도시에서 한 흑인 여성이 공장 일을 마치고 버스에 올랐어. 지친 몸을 의자에 기대기가 무섭게 고함 소리가 울렸어. 백인에게 자리를 양보하라는 운전사의 명령이었어.

당시 미국은 피부색에 따라 버스 좌석을 따로 지정하고, 주에 따라서 공공 건물과 음식점, 병원은 물론 교회까지도 흑인과 백인이 함께 있지 못하거나 다른 출입구를 사용하게 하던 때였어. 그런데 그날 이 여성은 단호히 자리 양보를 거부했어. 운전사와 실랑이를

○ 간디

○ 로자 파크스

벌이다 결국 경찰에 체포됐고, 재판을 받기 위해 법정에 나오던 날 이 소식을 듣고 분개한 몽고메리 지역의 흑인들이 대대적인 버스 승차 거부 운동에 들어갔어.

이 여성의 이름은 '로자 파크스'. 1년 넘게 계속된 버스 승차 거부 운동 과정에서 마틴 루터 킹 목사가 참여하기도 했어. 이 여성 시민의 움직임은 결국 버스 좌석의 흑백 구분이 불법이라는 판결을 이끌어 냈고, 1964년 공공 시설과 고용 등에서 차별을 금지한 민권법이 탄생하도록 했어.

이렇듯 성차별에서 다수의 횡포, 인권 침해, 인종 차별에 이르기까지, 어긋난 윤리와 편견, 권위에 대항해서 세상의 역사를 바꾼 사람들이 많아. 이들은 불합리하고 고정 관념 속에 익숙해진 세계에서 세상의 생각을 바꾸기 위해 노력했어. 물론 성공하기만 했던 건 아니야. 때로는 실패하기도 했지만, 그런 시도들이 있었기에 다음 세대의 변화를 이끌어 낼 수 있었고, 결국 '시민'의 힘으로 인류의 역사는 모순을 극복하고 발전할 수 있었어.

그리고 이제 다시 한 번 시민의 힘이 지구의 환경을 지키고 인간과 생명을 지켜 내는 주체가 되어야 할 때야. 환경은 파괴되어 수많은 생명이 사라지고, 에너지를 마구 쓰면서 지구 온난화라는 재앙이 나타났어. 에너지와 식량 고갈 문제는 심각한 수준에 이르렀어.

시민들이 나서서 지속 가능한 지구, 지속 가능한 미래가 어떻게 가능한지 심각하게 고민하고 행동할 때야. 시민의 힘으로 이루어 낸 자유와 평등, 인권과 윤리의 가치가 이제는 환경에 적용되어야 할 때라는 말이지.

환경, 에너지, 기후에도 정의가 필요한 시대가 되었어. 여전히 사회적인 약자가 있고 환경적으로도 약자와 소수가 존재해. 그들을 돌아보고 보호해야 할 의무와 힘이 '시민'에게 있어. 인류가 꿈꾸는 무지개 도시는 환경적으로 생각하고 행동하는 시민의 손에 달려 있는 거야.

'나'부터, '지금'부터 변하면 지속 가능한 발전, 지속 가능한 미래가 펼쳐질 거야. 시민은 힘이 세니까! 그래서 어마어마한 초능력이 없어도, 최첨단 과학 무기로 무장하지 않아도 우리는 슈퍼맨이 될 수 있어. 바른 시민 의식을 갖고 행동하는 사람이야말로 지구를 지켜서 무지개 도시를 만드는 '초록 슈퍼맨'이란 말씀이지!

## 찾아보기

### ㄱ

간디, 마하트마 182
간선 도로 90, 91, 92
개발 118
검은 숲 49, 55, 61
공동체 73, 144, 171
공정 무역 155
꽃의 거리 99
광우병 19, 155
괴팅겐 대학 16
구소련 125, 127
구즈, 올랭프 드 181
국제 연합 인간 정주 회의 84
국제 연합 인간 환경 선언 177
그랄라아줄 104
글로벌 푸드 148
금수 조치 126, 145
기후 변화 44, 168, 171
기후 정의 177

### ㄴ

내셔널리스트 운동 119
냉전 체제 125
노면 전차 67
녹색 GNP 80
녹색당 57, 58
농기계 148

농약 127, 128, 134, 136, 148, 156

### ㄷ

도시 농업 121, 128, 131, 136, 149
도시화 8, 118

### ㄹ

레르네르, 자이메 88, 99, 101, 104, 108, 116
렙토스피라증 110
로컬 푸드 149

### ㅁ

메탄가스 23, 27, 38
모빌레 69
무농약 작물 149
민권법 184
민족 자결권 182

### ㅂ

바이오 에너지 45
바이오매스 22
발효기 23, 28
베우엔데(BUND) 58
보봉 70

### ㅅ

산성비 55, 56, 61
산업 혁명 7, 8
산업화 8, 118, 182
3중 도로 시스템 90
생태 도시 45, 80, 105
석유 9, 16, 24, 27
석탄 액화 가스 45
소로, 헨리 데이비드 182
솔라 타워 64
수력 에너지 45
수소 에너지 45
슈바르츠발트 48
슬로푸드 149
시민 185
시민 단체 58
《시민 불복종》 182
시민 의식 12, 13, 57, 79, 142, 185
식량 148
식량 회사 148
신 에너지 45

### ㅇ

아담스, 보 63
에너지 정의 81
엠바고 126
연료 전지 45

열병합 발전 24, 38
오가노포니코 130
오가닉 155
온실가스 27, 28, 34, 71, 168
외코폴리스 81
원자력 발전 53, 55, 58, 61, 62
유기 농업 131, 134
유기농 29, 128, 156
유기농 농작물 149
의제 21 176
이산화탄소 28, 173
인스턴트 푸드 149
일방통행 도로 91
일조량 64

지역 화폐 165
지열 에너지 45
지혜의 등대 112

## ㅊ

참정권 180
체르노빌 원자력 발전소 58, 60
체인점 153, 154

## ㅋ

카 쉐어링 75
카스트로, 피델 124
콜럼버스 122
킹, 마틴 루터 184

## ㅌ

탄소 발자국 118
탄소 배출권 118
태양 에너지 45, 59, 63
토트네스 재생 가능 에너지 협동조합 169
토트네스 파운드 163
퇴비 28

## ㅍ

파력 에너지 45
파크스, 로자 184
페이스트, 볼프강 63
패스트 푸드 148
패시브 하우스 63, 71, 74
포크, 제임스 182
풍력 에너지 45

## ㅎ

하수구 104
〈헨젤과 그레텔〉 48
협동조합 34, 35, 36, 39
화석 연료 9, 28, 34, 42, 169
화학 비료 29, 127, 131, 135, 139, 148, 156, 159
환경 NGO 81
환경 오염 13, 18, 56, 85, 81
환경 정의 177

## ㅈ

자전거 도로 96
재생 에너지 45, 65, 70, 169
저에너지 건축 63
적정 기술 119
전환 마을 165
정크푸드 148
제국주의 182
조력 에너지 45
조류 에너지 45
조합 농장 137
지구의 날 176
지렁이 똥 135

## 사진 자료 출처

이 책의 사진들은 해당 저작권자의 허락을 얻어 실었습니다. 자료의 출처를 찾기 위해 최선을 다했으나, 혹 잘못된 내용이 있다면 연락 주십시오. 다음 쇄를 찍을 때 수정하겠습니다.

### 셔터스톡

10~11쪽 도시, 11쪽 노천 탄광, 오염된 하천, 46쪽 프라이부르크, 51쪽 프라이부르크 풍경, 56~57쪽 검은 숲, 82쪽·106~107쪽 식물원, 120쪽 아바나 풍경

### flickr

14쪽 윤데(a.froese), 오가노포니코(justin V), 69쪽 모빌레(Alain Rouiller), 72쪽 보봉 마을 거리(Payton Chung), 93쪽 쿠리치바 풍경(Francisco Anzola), 104쪽 그랄라아줄(Thiago Pessato), 150쪽 토트네스 거리(Glen Bowman), 153쪽 미국 맥도날드(Bryan Hong), 홍콩 맥도날드(Ian Muttoo), 157쪽 수공예점(Reading Tom)

### 위키백과

20~21쪽 윤데 풍경(Dschwen), 63쪽 패시브 하우스(Gralo), 67쪽 노면 전차(Tobias b köhler), 69쪽 자전거 전용 다리(Andreas Schwarzkopf), 95쪽 버스 정류장(Morio), 96쪽 이중 굴절 버스(Luan Lenon), 102쪽 꽃의 거리(Mathieu Bertrand Struck), 113쪽 지혜의 등대(Deyvid Setti), 154쪽 토트네스 거리(Manfred Heyde)